U0067121

職校—
生涯規劃

吳芝儀、蔡瓊玉◎著

國家圖書館出版品預行編目資料

高職學生：生涯規劃 / 吳芝儀，蔡瓊玉著. – –
初版 – – 嘉義市：濤石文化， 2001【民90】
面；　　公分
ISBN 957-30722-6-2（平裝）

1.職業教育 2.生涯規劃

528.8　　　　　　　　　　　90003928

高職學生—生涯規劃

著　　者 / 吳芝儀、蔡瓊玉

出 版 者 / 濤石文化事業有限公司

發 行 人 / 陳重光

責任編輯 / 吳孟虹

美術編輯 / 吳孟虹

封面設計 / 白金廣告設計　梁叔爰

美工插畫提供 / 意念數位科技（股）有限公司

登 記 證 / 嘉市府建商登字第08900830號

地　　址 / 嘉義市台斗街57-11號3樓之一

電　　話 / 886-5-271-4478

傳　　眞 / 886-5-271-4479

郵撥帳號 / 31442485

戶　　名 / 濤石文化事業有限公司

印　　刷 / 鼎易印刷事業股份有限公司

初版一刷 / 2001年7月（1-1000）

初版六刷 / 2009年8月（1-1000）

Ｉ Ｓ Ｂ Ｎ / 957-30722-6-2

E - mail / waterstone@pchome.com.tw

總 經 銷 / 揚智文化事業股份有限公司

台北市新生南路三段88號5F-6

電話：886-2-23660309　傳眞：886-2-23660310

基　　價/ 貳佰伍拾元整

本書如有缺頁、破損、裝訂錯誤，請寄回更換。

～ 版權所有　翻印必究 ～

編輯大意

一、本書依據民國八十七年九月教育部公佈之「職業學校生涯規劃課程標準」編輯而成，旨在使學生認識生涯規劃的基本觀念，熟悉生涯規劃的概念與方法以適應社會變遷。釐清生涯目標與方向，進而培養生涯抉擇與生涯規劃能力，以培養從事職業活動的志趣與服務的熱忱。

二、本書全一冊，分成六章，適合各職業類科學生必修、選修，課程教材為一學期二學分，每週教學節數二節的教學設計。

三、生涯規劃除了對知識理論與生涯發展的了解，更強調自我的認識、職業與工作世界的認識、生涯選擇與決定、生涯發展與管理的必要性。學生將透過課程的學習思考切身的生涯課題，引發做生涯規劃的動機；學生如紮實生涯規劃的知識與能力做基礎，便能為自己找到生涯目標與方向，為未來做出最理想的決定與發展。

四、本課程內容重視課堂中討論與實作，單元活動均環繞每一章節的中心思想而成系列活動，走過實作、參觀訪問與分組討論、團體分享便能對生涯規劃的理論了然於心，進而獲得規劃與決定技能，為自己的生涯發展開創新契機。

五、本書如有未盡妥適之處，敬請惠賜卓見，不勝感激！

作者簡介

吳芝儀

◆ 學歷：1.英國雷汀大學（Reading University）社區研究
　　　　博士（1997）
　　　　2.國立台灣師範大學教育心理與輔導研究所碩士
　　　　（1991）

◆ 現任：1.國立中正大學犯罪防治研究所助理教授
　　　　2.公私立高級職業學校訪評委員

◆ 著作：1.生涯輔導與諮商：理論與實務（濤石）
　　　　2.生涯探索與規劃：我的生涯手冊（濤石）
　　　　3.中輟學生的危機與轉機（濤石）

◆ 譯作：團體諮商的理論與實務、生涯發展的理論與實務、
　　　　質的評鑑與研究

蔡瓊玉

◆ 學歷：台灣省立教育學院科學教育系數學師資組

　　　　國立彰化師範大學輔導研究所

◆ 經歷：台灣省高職輔導工作中二區連絡網連絡人

　　　　台灣省中等學校輔導通訊評審委員

◆ 現任：國立土庫商工輔導室主任

目　錄
CONTENTS

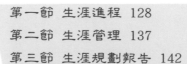

第一章

生涯與生涯規劃

━━━━━━━━━━━━━━━

1
生涯概說
2
生涯發展
3
生涯規劃

學 習 目 標

★ 了解生涯的意義。
★ 了解生涯發展的意義、階段、任務和角色。
★ 了解生涯規劃的意義、目的、重點
  和影響因素。

當你很小的時候，你曾經夢想過未來吧！你一定寫過無數次「我的志願」，你還記得你的夢想嗎？是老師？科學家？律師？醫師？還是護士？

或者，你還記得你絞盡腦汁也想像不出未來的模樣？

或者，在你小小的志願裡，有著許多「不辜負父母的期望」、「貢獻社會報效國家」的宏大抱負？

或者在你還分不清想像與現實的稚嫩年代，你曾經像很多小朋友一樣幻想過將來要當純真美麗的「白雪公主」，或是無所不能的「小叮噹」；在你稍大一些，恍然明白童話或漫畫故事中的人物並不存在於現實世界的青澀童年，你雖仍不願意放棄幼時的想像，卻不得不做些微的修正，這時，你也許夢想過有一天你會成為光彩奪目的「影視紅星」，或是神乎其技的「魔術大師」；逐漸地，你愈來愈了解到那些電視影像裡出現的人物，其實距離我們的生活遙不可及，於是，你不得不正視眼前的現實，將「我的志願」設定在生活中你曾經接觸過、而且還算崇拜的人物，可能是老師，也很可能是醫師或護士，或者是你父母、親友所公認的「好職業」。

現在的你，對未來的夢想也許又和以前不同了。到高三時，你將會經過推薦甄試或是申請入學或是聯合登記等考試的洗禮，你選擇，你也被選擇。你可能幸運地選擇了你所喜歡的科系，正汲汲營營、一步一腳印地朝著夢想的方向前進，夢想也逐漸落實，成為可以實踐的「理想」。然而，你也可能意外地被拒於理想學府的窄門之外，而感到茫然失措、惶惶惑惑，不知道如何重新讓頹傾的夢想再起高樓？繼續焚膏繼晷地準備升學，或毅然投入就業市場追尋自己的夢想？於是，你躊躇徘徊在自己的想望和社會的期許之間，不知如何是好？

從現在起，你必須更誠實地面對自己。趁著青春年少，為自己投資一些時間，仔細思索在這人世間數十年的生涯歷程之中—

你究竟「要」什麼？

你「是」什麼樣的人？

你「擁有」什麼資產？

你「期望」成為什麼樣的人？

為了成為你所期望的自己，你需要「充實」些什麼？

　　或「付出」些什麼？

你要如何做，才能成就你自己？

如何才能不白費了這一程人生的歷練？

如何才能在回顧時，對自己的生涯歷程感到滿意？

回答這些與你的生涯發展息息相關的問題，需要深度的「生涯探索」和長程的「生涯規劃」。

生涯探索的主要目的在發現你自己，瞭解你所處身的工作世界。生涯規劃的主要目的，在於透過各項技能的學習，以掌握自己的現在和未來，臻於「無入而不自得」的境地。

高中職學生必須瞭解自己本身的能力，是否能經由學習的過程而不斷地提昇；學習培養其他的興趣、發展其他可能的選擇，並做有效的決定；學習如何分辨個人的需求或重視他人的需求，並將之整合於對生涯生活的計畫之中；學習如何適當地修正原先的生涯計畫，以配合自身和環境上的變化。因此，生涯探索和規劃必須是有彈性的、務實的，以創造充實而滿意的生活。

我們總是在生命事件中尋找成就感和滿足感，然而隨著我們本身的改變和經驗的累積，成就感和滿足感的來源和程度均會發生變化。另一方面，由於外在環境、經濟條件的改變，及科技的進步更新，使得未來愈發變得遙不可測，增加了生涯發展的不確定性。

因此，充實人生的追尋是我們在工作和生活中所必須面對的持續性挑戰。當我們經歷了人生各個不同階段時，我們必須重新設定生涯目標，從許多可能達成目標的方案中做選擇，並做成可以投注心力和時間去達成的決定。對許多人而言，人生無法預期的意外和變化，充滿了不確定感和威脅性，以致常因無法掌握這些人生「必然」的變數而隨波逐流。

然而，透過生涯規劃歷程的學習，我們亦能學習到如何因應這些可能發生的變局，不斷調整自己、修正可執行的計畫，為自己每一個人生階段創造最大的成就感和滿足感。

本書的最主要目的，即在於提供你一項有效的方法或工具，讓你有能力在不同發展階段皆能對自己的現在、過去和未來，有一個重新審視、評估的機會，為自己擘畫一個璀璨亮麗的人生。

當年華老去、形容枯槁，留駐心中的是生命中最美麗燦爛的彩虹！

我雖不能決定生命的長度，
但可以控制它的寬度。
我雖不能左右天氣，但可以改變心情。
我雖不能改變容貌，但可以展開笑容。
我雖不能控制他人，但可以掌握自己。
我雖不能預知明天，但可以利用今天。
我雖不能樣樣勝利，但可以事事盡力。

第一節 生涯概說

　　有人說，生涯是一生全程的發展，是生活與生命的總和，透過生活經驗的累積，使生命的目標能圓滿達成。孔子說：「吾十又五而志於學，三十而立，四十而不惑，五十而知天命，六十而耳順，七十而從心所欲不踰矩。」生涯的旅程，該有什麼意義？端視你如何看待這一生發展的軌跡。

活動 1.1─生涯的聯想

單元目標：探索自己對生涯的想法。

活動內容：

＊在你心目中，什麼是「生涯」？請寫下你對「生涯」的聯想，然後和你的朋友或同學們分享你的想法。

生涯就像…

有人說：

「生涯像一座無盡藏的寶庫，愈是深藏不露的，愈是無價之寶。唯有深入挖掘，破除迷障，歷盡千辛萬苦，才能獲得至高無上的人生真經。」

有人說：

「生涯像攀爬一座陡峭險峻的高山，起點在山腳下的最低處。峰頂的奇奧壯麗雖然仰望不見，卻始終在心中牽引著向上的堅強意志。路途中處處潛藏著險阻危機，必須手腳並用，才能披荊斬棘；必須克服無數難關，才能登峰造極。」

有人說：

「生涯像是一列駛向不知名終點的火車。每一個停靠站都有起有落，也許是大城、也許是小鎮，閒步當車總能看遍人間風景，匆匆促促則無暇玩味人生。每一次停駐，都是一個新的起點。若能不必掛慮列車抵達終點的時間，過程中玩賞的風景可以更多采多姿，玩賞的心情也將更閒適自在。」

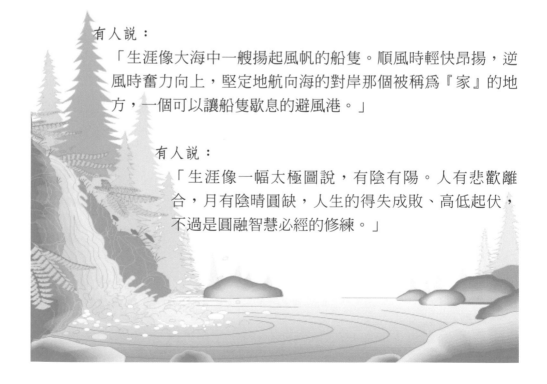

有人說：

「生涯像大海中一艘揚起風帆的船隻。順風時輕快昂揚，逆風時奮力向上，堅定地航向海的對岸那個被稱為『家』的地方，一個可以讓船隻歇息的避風港。」

有人說：

「生涯像一幅太極圖說，有陰有陽。人有悲歡離合，月有陰晴圓缺，人生的得失成敗、高低起伏，不過是圓融智慧必經的修練。」

活動 1.2—生涯的概念

單元目標：了解生涯的概念與意義。

活動內容：

**以六人為1小組，討論「工作」、「職業」、「生涯」、
　「事業」等概念的涵義，並用彩色筆書寫於大海報紙
　上。

*小組報告，分享其討論成果。

*閱讀本文的說明，再深入思索其涵義。

*在團體中作進一步討論。

*歸納各名詞之涵義，了解其異同。

　　「工作」是什麼？「職業」是什麼？「生涯」又是什麼？這是
一連串令人困惑的問題。歸納多位生涯學者的觀點，讓我們一起
來了解其中的意義：

● 工作(work)：因體能或心智上的努力，而產生的事件與結
　果。工作佔人們生活中的絕大部分，透過工作以掌握生
　活。可能獲得經濟上的酬賞，也可能沒有報酬。例如學校
　工作(schoolwork)、家庭作業(homework)以及家事工作
　(housework)、志願服務工作(voluntary work)等。

● 工作(job)：在一個組織機構中，因職位（position）而
　賦予個人維持機構運作所必須執行的職務(tasks)。在執
　行任務之後，會獲得所預期的經濟酬賞。例如：農務（農
　會幹事）、建築（工地主任）、貿易（業務經理）、教育（教
　學組長）、醫護（護理長）、公務（民政課長）等。

7

● 職業(occupation)：在工商業或組織機構中所存在的一系列相關的工作領域。例如：農牧、工程、貿易、教育、醫護、法律、會計等。

● 事業(enterprise)：這是值得個人投注一生心力，以獲得最有可能實現的生涯目標。在一個事業體中，通常包含較廣泛的職業範疇，例如：教育事業、慈善事業、醫療事業、科技事業、文化事業等。

那麼，「生涯」(career)呢？是生活在這繁華世間的每一個人的「這一生」吧？從蹣跚學步到步履維艱，從年幼無知到洞悉天命，最多數十年寒暑的一生。

牛津辭典將「生涯」解釋為「道路」之意，可引伸為一個人一生的道路或發展經驗；是個人整體謀生活動與生活型態的綜合，包含工作、家庭、情感、休閒、健康與經濟層面。

美國生涯學者舒伯（Donald Super,1953;1990）說：「生涯」是生活中各事件的演進方向與過程，包含人一生中的各種職業與生活的角色，展現了個人的自我發展型態。

國內學者金樹人（1987；1997）認為：「生涯」原意為兩輪馬車，引伸為人生的發展道路，涵蓋了一個人在一生之中所扮演的角色和職位。

因此，生涯就是人們一生中連續不斷發展的過程，每個人的角度或因時空而有不同，卻是一個人從出生到終老的家庭、學校、工作、婚姻、群體關係的一輩子經驗，這些活動經驗隨著個人持續且有計畫的努力、創新，塑造了個人獨特生活方式，也達成自我的成長與進步。

再從空間與時間的向度言，生涯有其拓展性，重視工作世界、生命意義、人生目標與時間管理。

所以，生涯即是一個人生命歷程中價值、信念、目標、活動、角色、職業與發展的綜合，意涵著每一個人均可掌握機會，改變態度去追求一個豐富不悔的生涯發展。

第二節 生涯發展

我的志願

～ 羅大佑 ～

很小的時候　爸爸曾經問我
你長大後要做什麼？
我一手拿著玩具一手拿著糖果
我長大後要做總統

六年級的時候老師也曾問我
你長大後要做什麼？
愛迪生的故事最讓我佩服
我長大後要做科學家

慢慢慢慢長大以後
認識的人愈來愈多
慢慢慢慢我才知道
總統只能有一個
慢慢慢慢我才知道
科學家也不太多

中學的時候　作文的題目
你的志願是什麼？
耳邊又響起母親的叮嚀
醫生律師都不錯

大學聯考的時候 作文題目
我的志願是什麼？
回想報名時候心裡毫無選擇
志願填了一百多

慢慢慢慢長大以後
認識的人愈來愈多
慢慢慢慢我才知道
每個人都差不多
慢慢慢慢我才知道
我的志願
沒有煩惱沒有憂愁
唱出我心理的歌
告訴我的孩子 每個人都要
平平靜靜的生活

慢慢慢慢長大以後
認識的人愈來愈多
慢慢慢慢你會知道
每個人都差不多
慢慢慢慢你會知道
人生就是這麼過

為什麼人的志願會隨年齡增長而改變？生涯是如何形成？受那些因素影響？生涯會如何發展呢？

活動 1.3—我的志願

單元目標：

＊清楚瞭解自己的目標理想改變的原因。

＊瞭解生涯發展的階段與任務。

活動內容：

＊播放「我的志願」，翻開歌詞一起欣賞或哼唱。

＊將你從小到大的志願寫在紙上。

＊寫出你從小到大志願改變的原因。

＊以六人為一小組波此分享，並推派一位歸納本組分享的
　內容，在團體中報告。

＊閱讀金茲伯(Ginzberg)和舒伯(Super)的生涯發展階段與
　任務，了解自己生涯發展的歷程。

我們的一生會經歷許多不同的階段，有各種酸甜苦辣要磨練，有不同的任務要完成；我們要度過危機，也要把握轉機。「生涯發展」（career development）就是終其一生在各種職業、工作與生活角色中不斷變化的歷程。

生涯學者金茲伯（Ginzberg et al.,1951）等人最早主張職業的選擇是一個含括六到十年階段的發展性歷程。從出生到十一歲是「幻想期」（fantasy），這時期兒童的主要特徵是以遊戲為導向，對未來生活和工作角色的幻想，是遊戲中角色扮演的主要來源。十一至十七歲是「試驗期」（tentative），此時期的青少年已能逐漸體認到現實世界中工作所要求具備的條件，了解自己的興趣、能力、價值觀等，並逐漸體會到應為職業選擇做出決

定，承擔隨著職業選擇而來的相關責任。十七歲以後則是「實際期」（realistic），邁向成人初期的青少年已能將興趣和能力加以整合，具有清晰的價值觀，使未來職業的選擇更為具體且明確，決定投入一項特定領域的職業，並開始接受專業的訓練。

另一位生涯學者舒伯（Super, 1953；1990）也提出了一個描述人生全程的生涯發展理論，認為生涯發展是個人從幼年到老年連續的發展歷程，強調個人的「自我概念」（self-concept）在生涯發展歷程中的重要角色。其主要的中心論題有下列數點：

1. 人們在能力、人格、需求、價值、興趣、特質和自我概念上有相當大的個別差異。基於這些個人特質，人們適合從事某一些職業。
2. 每一項職業均要求特定的能力和人格特質組型，足以使每一個人適合不同的職業，且每一項職業適合不同的人。
3. 職業偏好、能力和人們所生活和工作的環境，及隨時間和經驗改變的自我概念，會在青少年晚期之後逐漸穩定和成熟。

舒伯（Super, 1980）也曾描繪出一個「生涯彩虹圖」（圖1.1），具現了人生各個發展階段和所扮演的主要角色。在生涯彩虹圖中，第一個層面代表橫跨一生的「生活廣度」（lifespan），又稱為「大循環」，包括生涯發展的主要階段（圖1.2）—成長期、探索期、建立期、維持期、隱退期。

在「成長期」（growth）（一至十四歲）中，兒童經由和家庭或學校中之重要他人認同，而發展自我概念，需求與幻想為此一時期最主要的特質。隨年齡增長，社會參與及現實考驗逐漸增加，興趣與能力也逐漸重要。此時期的主要生涯發展任務，在於發展自我形象，以及發展對工作世界的正確態度，並瞭解工作的意義。

在「探索期」（exploration）（十五至二十四歲）中，成長中的青少年需藉由在學校、休閒活動及各種工作經驗中，進行自我檢討、角色試探及職業探索，考慮需要、興趣、能力及機

會，做出暫時性的決定，並在想像、討論課業及工作中加以嘗試。接著，進入就業市場或接受專業訓練，企圖將一般性的選擇轉為特定的選擇，以實現自我概念，並試驗其成為長期職業的可能性。

在「建立期」(establishment)（二十五至四十四歲）中，發展成熟的工作者，需在某一適當的職業領域中確立其角色職位，並逐步建立穩固的地位。此時大部分人處於最具創造力的巔峰狀態，身負重任、表現優良。

在「維持期」(maintenance)（四十五至六十四歲）中，個人已逐漸在職場上取得相當的地位，擔負相當的責任，具有一定的權威，並致力於維持既有的地位與成就。對自身條件的限制較能坦然接受，但因需面對新進人員的挑戰而不時兢兢業業。

在「隱退期」(decline)（六十五歲至晚年）中，步入退休階段的銀髮族逐漸由原有工作中退出，重新開拓新的生活，發展新的角色。也有更多時間從事休閒活動或完成自己一直想做而未做的事，可能從事義務或志願服務工作，回饋社會的栽培。心態上則是雲淡風輕，淡泊名利、與世無爭。

「生涯彩虹圖」的第二個層面代表縱貫上下的「生活空間」(life space)，由一組角色和職位所組成，包括兒童、學生、休閒者、公民、工作者、家庭照顧者等主要角色。在兒童期，兒童、學生、休閒者的角色佔據了相當大的比重，是兒童期生涯階段最重要的生涯角色。在青春期，學生角色雖然是生活中最凸顯的角色，但公民和工作者角色的重要性也將與日俱增。接著，對於已從學校畢業卸下了學生角色的青年期，工作者的角色很可能會成為生活重大的重心，而家庭照顧者和休閒者的角色亦將在青年期及後期發展階段益加凸顯出重要性。

值得注意的是，在現代以知識經濟掛帥和倡導終身學習的社會中，工作者和學生角色在不同生涯階段的重要性將會有較彈性的變化。因為在現代科技發展日新月異、知識爆炸的社會，青年在離開學校，工作一段時間之後，常會感覺所學已不足以因應工

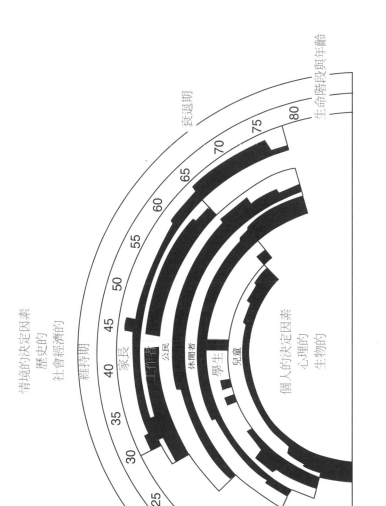

圖1.1 生涯彩虹圖

資料來源：super（1990：212）

情境的決定因素
歷史的
社會經濟的

衰退期

維持期

家長
工作者
公民
休閒者
學生
兒童

個人的決定因素
心理的
生物的

生命階段與年齡

建立期

探索期

成長期

年齡與生命階段

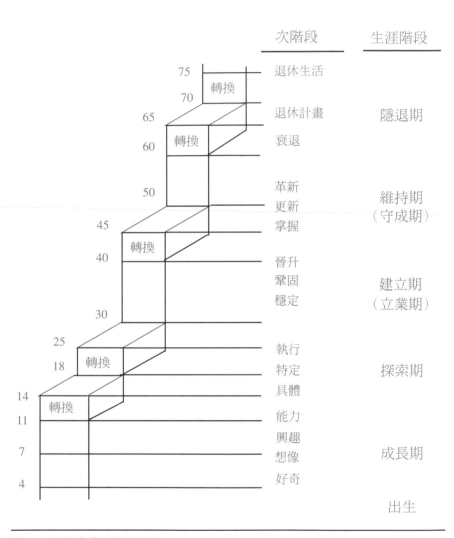

圖1.2 生涯發展階段與任務

作或現代社會的需求，而有回到學校充電進修的衝動。此時，大多數的工作者會選擇以在職進修的方式來充實自我，而部份工作者則會等到中年、兒女離巢之後，才暫時離開原有的工作，進修更高深的教育，以開創生涯的第二春。

　　從舒伯的生涯發展階段看來，高中職階段的青少年期是跨越了「成長期」中的「能力期」（十三至十四歲），延伸至「探索期」中的「試探期」（十五至十七歲）。在能力期，青少年對於「我的未來志願」的思維，主要考慮的是能力及工作條件，以及如何發展自我的形象，並了解工作的意義。在試探期，青少年在思考生涯相關議題時，考慮的是需要、興趣、能力及機會，並在課業、討論、活動及工作中加以嘗試（參見表1.1）。

　　因此，試探期的高中職階段學生所應進行的生涯規劃內涵，應包括下列數項重點（引自吳芝儀，2000a）：

1. 呼應高中職學生的生涯發展需求，促成自我成長和發展。
2. 考慮的生涯選擇範圍將逐漸縮小，可做成暫時性的決定，並依據此一暫時性的選擇或決定，來分析個人特質和傾向。
3. 在各類學習活動中，將個人特質、所學技能和未來生涯選擇相連結。
4. 了解教育機會和未來生涯選擇的關係，習得在特定機構中獲得教育或進修機會的知識。
5. 學習做決定和規劃的技巧，包括一系列形成目標的步驟。
6. 對未來的工作環境進行深入的探究，了解有關工作模式、工作價值、工作態度、工作習慣，及其他和工作有關的問題。
7. 選擇繼續進修高等教育的高中職學生，應仔細評估所選擇的高等教育機構的優缺點和利弊得失等，以做成有效的決定。
8. 訪問社區中不同職業身分的人，有助於將自身的特質、學校中所學知識和職業所要求的條件相結合。

9.深入了解自己所偏好的職業，並建立畢業之後的實踐計畫。

表1.1青少年生涯發展任務

Super（1984）：

成長期（初生至14歲）	探索期（15至24歲）
經由與家庭或學校中之重要他人認同，而發展自我概念，需求與幻想為此一時期最主要的特質，隨著年齡增長，社會參與及現實考驗逐漸增加，興趣與能力亦逐漸重要。	在學校、休閒活動及各種工作經驗中，進行自我檢討、角色試探及職業探索。
1.幻想期(4-10) 　以幻想遊戲中的角色扮演為主。 2.興趣期(11-12) 　喜好為其抱負和活動的主要決定因素。 3.能力期(13-14) 　能力逐漸具有重要性，並能考慮工作所需條件（包括訓練）。	1.試探期（15-17） 　考慮需要、興趣、能力及機會，做出暫時性的決定，並在想像、討論、課業及工作中加以嘗試。思考可能的職業領域和工作層級。 2.轉換期（18-21） 　進入就業市場或專業訓練，更重視現實的考慮，並企圖實現自我概念，將一般性的選擇轉為特定的選擇。 3.試驗並稍做承諾期（22-24） 　初步確定職業選擇，並試驗其成為長期職業的可能性。對投入該職業的承諾仍是暫時性的。
任務： 1.發展自我形象。 2.發展對工作世界的正確態度，並瞭解工作的意義。	任務： 1.職業偏好逐漸具體化。 2.職業偏好的特定化。 3.實現職業偏好。 4.發展合於現實的自我概念。 5.學習開創較多的機會。

10.透過就業輔導機構的協助，練習履歷表的撰寫、工作面試的技巧、找尋和獲得工作的技巧等。

表1.1青少年生涯發展任務（續）

Super（1984）：

建立期 （25至44歲）	維持期 （45至64歲）	衰退期 （65歲~ ）
確定適當的職業領域，逐步建立穩固的地位。工作職位可能升遷，但職業則不會改變。	逐漸在職場上取得相當地位，並致力於維持現有的地位，較少創意的表現，面對新進人員的挑戰。	身心狀況逐漸衰退，從原有工作退休，發展新的角色，尋求不同方式滿足需求。
1. 試驗—投入和建立期（25~30） 在已選定的職業中尋求穩固 安定，可能因尚未感到滿意而做若干調整或變動。 2. 晉升期（31~44） 致力於工作上的穩固與安定大部分人處於最具創造力的巔峰狀態，身負重任表現優異。		1. 衰退期（65~70） 工作速率減緩性質改變，找到兼差工作。 2. 退休期（71以後）停止原有的工作，轉移至兼差、義務或志願服務工作，從事休閒活動。
任務： 1. 找到從事所期望之工作的機會。 2. 學習和他人建立關係。 3. 尋求職業的穩固和升遷。 4. 確立一具備重要性與安全的職位。 5. 維持職業和生活上的固定不 變。	任務： 1. 接受自身條件的限制。 2. 找出在工作上新的難題。 3. 發展新技巧。 4. 維持在職業領域中既有的地位與成就。	任務： 1.發展非職業性角色，逐漸退隱。 2.做一直想做的事。 3.淡泊名利 、與世無爭。

活動 1.4─人是怎樣過一生

單元目標：對自己現階段生涯發展任務有初步了解。

活動內容：

＊舒伯強調生涯發展分成五個階段爲成長期、探索期、建立期、維持期、隱退期，現在你所處的階段是＿＿＿＿。

＊依舒伯之見，此階段的主要發展任務是那些？

＊在此階段應扮演的角色有那些？

＊這些角色中，你最重要的角色是什麼？

＊目前你扮演的角色中，其間的關係如何（關係描述）？是否滿意（滿意情況）？

　　高中職學生需要完成自我協助、性別認同、自我引導、分工合作、自我認識等的生涯發展任務。所以我們要如何達成任務，贏在起跑點上呢？有幾項生涯發展的重點思考，提醒您：

1. 依自己的本質實現人生，這是生涯發展的素材。
2. 選擇方向，隨緣開展自己的人生。
3. 能力是實現生涯發展的必要條件。
4. 責任、專注、持續的向生涯目標挑戰，發展生涯。
5. 欣賞別人的成就，學習成功者的典範。
6. 掌握成功因素（信心、耐心、活力、與毅力），袪除失敗因素（獨斷、自大、消極、憤世疾俗）。

活動 1.5——一道彩虹

單元目標：釐清「此時此刻」對生活角色的態度與價值期
　　　　　望。

活動內容：

＊準備彩色筆及一份空白彩虹圖，並選出生活角色所要表示
　的顏色（可選多色或單一顏色）。

＊先為自己扮演學生、工作者、配偶、休閒者、子女或家長
　等角色做定位，描繪出自己理想中生活角色的長度（時間）
　與寬度（投入程度或重要性）。

＊畫完了，與朋友或同學分享自己完成的彩虹圖。

　　a.自己一生中將有幾種角色？內容如何？是否能幫助你
　　　達成生涯發展任務？

　　b.各種角色所用的色彩代表什麼含意？

　　c.各階段的顯著角色為何？此顯著角色對自己的意義何
　　　在？

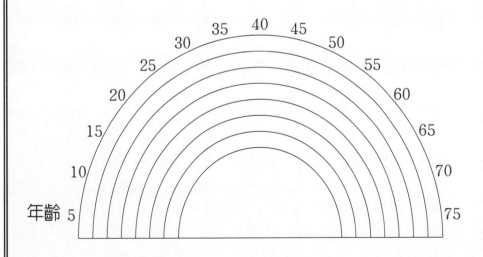

第三節 生涯規劃

　　生涯為什麼需要規劃？常聽人說：「生命無常，有什麼好規劃的？」但是也有人覺得有規劃總比沒有規劃好。根據前面一節「生涯發展」的內容，我們都很清楚，在完成每一階段的發展任務時，能找到方向、按規劃行動，成功的路就不會太遠了。

　　「生涯規劃」（career planning）顧名思義就是一個在發展中的個體，對內致力於自我人格、興趣、價值觀與能力的了解，對外了解工作世界之發展趨勢、地方發展的需求與職業資訊的來源，並培養生涯發展能力以實踐生涯決定，以期在人生舞台盡情揮灑，追求生涯的幸福感。

　　　生涯規劃有三個重要的目的：

1. 突破障礙：突破內在的恐懼不安、缺乏自信與自覺、自視過低、態度消極、缺少技能。
2. 開發潛能：培養自我知覺、積極進取，建立自信、培養實力與溝通技巧、增強勇氣。
3. 自我實現：以己為榮、達成圓融、豐足、喜悅、智慧又富創造力的生涯。

　　這麼說來，「生涯規劃」最終目的是為了「自我實現」。因此，為自己締造一個能充分自我實現的生涯歷程，即是這一生最重要的發展任務。而一個能充分自我實現的生涯歷程，則起始於我們對自己在周遭環境中的「定位」──即艾瑞克森（Erik Erikson,1963）所謂的「自我認定」（ego-identity）。

　　艾瑞克森將人一生的心理社會發展區分為八個階段，各有其主要的發展任務和危機。其中，青少年階段的主要發展任務即是「自我認定」，而其危機則是「認定混淆」。艾瑞克森認為，具有自我認定感的人，會發展出穩定的自我概念，有明確的生活目標，較少受同儕壓力的影響，接納自己，能毫不猶豫地做決定，且具有責任感。然而，由於青少年期是兒童期與成年期之間的一

個轉換階段。青少年的生理狀態與社會環境都正在發生變化，與父母分離並成為一獨立的個體，性別角色認定的矛盾衝突亦迅速膨脹。於是各種來自於父母、學校、同儕團體、異性、或整個社會的壓力接踵而至，且常互相矛盾衝突，使得青少年很難找到一種穩定的自我認定感，導致自我認定的困惑混淆，容易迷失了人生的方向。為了建立明確的「自我認定」，青少年時期的我們必須不斷地探索兩個重要的問題：「我是誰？」及「我在哪裡？」。亦即，「我是一個什麼樣的人？」、「我處在什麼樣的環境？」，以及「我能在這裡做些什麼？」、或是「像我這樣的人如何在這個環境中發揮功能？」。

「我是誰？」的問題，涉及生理我、心理我、情緒我、社會我等各個層面，也包括了興趣、能力、價值、人格特質等重要內涵。「我在哪裡？」的問題，則涉及個人所處的社會環境、文化群體、工作世界等。因此，青少年進行生涯探索的起點，即是「自我探索」和「環境探索」，以達成一個「資訊統合的生涯選擇」。

因此，我們需要瞭解生涯規劃的三大主題是（圖1.3）：

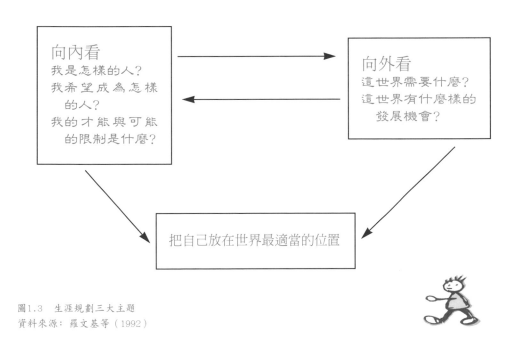

圖1.3　生涯規劃三大主題
資料來源：羅文基等（1992）

　　也就是說，要能將個人特質與環境條件做良好的適配，第一步是自我瞭解，第二步是獲得有關職業的知識，第三步是整合有關自我與工作世界的知識，才能將自己放在世界最適當的位置。

　　自我瞭解的內容需包括性向、成就、興趣、價值觀和人格特質等項。有關工作世界的知識，則包括三個層面：(1) 資訊的類型，如對職業的描述、工作條件、或薪水等，(2) 職業分類系統，以某種分類系統歸納千萬種職業，(3) 職業所要求的特質和因素。最後則將所蒐集到的有關自我和職業的資訊加以統整，以進行真確且適切的推論，做成有效的生涯選擇。

　　然而，人的一生，隨著經驗事件的推陳出新，我們也不斷地發展和變化，現在的自己迥異於過去的自己，明日的自己亦將或多或少不同於今日自己。奠基於自我探索和環境探索的成果，我們還需放眼未來—「我往何處去？」以及「我如何到達？」。「我往何處去？」的問題，探索的是一個能提升自我肯定和達成自我實現的生涯目標，引領自己的生涯發展方向。「我如何到達？」的問題，思考的是如何為自己鋪一條道路、搭一座階梯，通向自己要去的地方？也就是，規劃具體的行動方案或系列步驟，以逐步達成理想生涯目標。

　　簡單地說，生涯規劃就是在為自己探尋「我是誰？」、「我在哪裡？」、「我往何處去？」、「我如何到達？」等問題的答案。這些答案可能在不同時期會變化不同的內容，無須符合既定的標準，也沒有絕對的真理。因此，生涯發展既是一個不斷自我實現的歷程，亦是一個不斷自我追尋的旅程。

　　生涯規劃是新時代潮流，是人生必修的課題，也是不能避免的歷練，其重要性在於清楚了解自己，接納自己，幫助自己釐清自我的價值與人生發展方向，確定自己生涯目標，以發展成功的生涯。成功是屬於有準備的人，早作規劃，讓我們在生涯發展的路上走得穩健，也活得自在。生涯規劃可以幫助自己做好時間管理，有效運用時間，做出最佳的選擇與決定，更可以幫助自己覺察生涯發展階段的危機與轉機，使自己突破困境活出快樂人生。

　　因此，成功的個人必須做妥善的生涯規劃，必須兼具智商（IQ）、情緒商數（EQ）及道德商數（MQ），了解自己的長處及短處，善盡自己的職責，善盡自己的角色，建立積極的服務意願。

　　以商科為例：你想當個稱職的會計人員，你應該規劃要充實哪些能力？到何處學習這些能力？在商場中，你有能力，公司就需要你，你就可以立足在商業界，甚至有一天可以創業，擁有自己的一片天。

　　生涯規劃的目標、內容雖會因著每個人的需求和價值觀而有不同，但是不論是生活、就業或升學，實踐理想或追求卓越，均需要有完整的步驟，才能做好生涯規劃。

1. 有規劃的意願：有些人的想法是走一步算一步，只有在個人覺知生涯規劃的重要，願意進行生涯規劃的意願下才能思考自己此生如何過？才有規劃的動力。
2. 認識自我：了解自己的興趣、性向、專長、性格、需求、價值與生涯信念，才能找到生涯目標與方向。
3. 掌握社會脈動：了解社會趨勢、需求與外在工作世界，即所謂的知己、知彼，百戰百勝。
4. 確定發展目標：評估內外在因素，決定方向後，將目標具體化、階段化，一步步去達成。
5. 付諸行動：對準目標，依循進度全力實踐，秉持信心與毅力，人生得以自我實現。
6. 評估與修正生涯目標：內外在環境常隨時空而改變，故需定期檢視預定目標達成的進度，適時修正目標，調整行動

策略重新出發，在週而復始的循環歷程中發展自己快樂幸福的生涯路。

而生涯規劃課程的目標，即在於有系統地協助你學習面對未來生涯選擇時所需要的知識、態度和技巧，據以規劃自己所能接受的教育或訓練方案，為未來可選擇的工作和可安排的生活型態作好預先的準備，進而有能力去規劃未來職場中的發展進程，以實現自己的理想生涯目標，讓自己有機會對這一生感到滿意。

活動 1.6—我的未來不是夢

單元目標：

＊能說出生涯規劃的重要性。

＊思考自己的生涯目標，作為生涯規劃實作的討論材料。

活動內容：

＊閱讀附錄一「接受」、「元氣充沛的搞怪妹」兩篇生涯故事。

＊腦力激盪

　　a.「接受」一文，給你何種啟示？它與生涯規劃有何關係？

　　b.搞怪妹何以成功？她的故事帶給你那些啟示？

＊以六人小組做討論分享，組長將小組心得寫在黑板上。

＊歸納同學心得與想法，並討論生涯規劃的重要性和步驟。

活動1.7─我可以立足之處

單元目標：思考自己的生涯規劃模式。

活動內容：

＊想一想自己－－

　　a.我是怎麼樣的人？

　　_____

　　b.我希望成為怎麼樣的人？

　　_____

　　c.我的才能是

　　_____

　　d.我曾參加一些訓練

　　_____

　　e.我喜歡的學科

　　_____

　　f.我知道我的限制可能是

　　_____

＊看一看外面的世界－－

　　a.社會的趨勢

　　_____

　　b.社會環境需要的是

　　_____

　　c.這樣的社會環境對高中職學生而言，發展機會有

　　_____

＊想清楚也看清楚了，請問，你想把自己放到怎麼樣的位置
　呢？試著擬出自己初步的生涯目標。

第二章

自我認識與探索

1
自我認識

2
人格特質探索

3
生涯興趣探索

4
生涯能力探索

5
生涯價值探索

6
決定風格探索

學 習 目 標

★ 了解生涯規劃中自我認識的重要性。

★ 透過自我探索活動，了解自己的人格特質、
　生涯興趣、生涯能力、生涯價值與
　決定風格。

第一節 自我認識

「你是一個什麼樣的人？」、「你喜歡什麼？」、「你擅長做些什麼？」可能是你在許多團體、班級的人際互動中，回答過無數次的問題。也許你的答案每次都會增加一些或減少一些，也許你的答案每次都不相同，也許你到現在還不知道如何回答這些你自己也找不到答案的問題。但是，這些問題都和人生中最需要思索的課題「我是誰？」息息相關。

心理學家艾瑞克森（Erikson, 1963）就強調青少年階段的主要發展任務在於「自我認定」（ego-identity）的完成，透過在不同環境中的多樣經驗，尋找自己在環境中具有一致性的自我定位，也就是在自身所處的社會環境中明白確定自己所扮演的角色與定位—知道自己是什麼樣的人？處在什麼樣的位置上？能夠做什麼？可以和環境與他人建立什麼樣的關係？未來還可以扮演什麼角色？

這些問題也許從青春期開始就不斷困擾著你，期盼有一天會有一位智者或天使為你指點迷津、解答你的困惑，就像「蘇菲的故事」中的蘇菲，偶然地接到一封信，引領著她展開自我追尋的旅程……。

然而，每個人的自我，都是多元面向的。你可能身材高大、體格魁梧，但並不愛打籃球，卻喜歡舞文弄墨，且擅長精密電腦科技。你也可能嬌小玲瓏，但為人古道熱腸，經常積極主動為朋友排難解紛。你可能得花一些時間向內在心中的秘密花園去尋覓，才能將散落花園各處的自我拼圖蒐集齊全，還原一個擁有多元面向但完形統整的自己，包括你的興趣、能力、人格特質、價值觀、決定風格、理想生活型態等。

在這些不同層面上，都有你對自己的不同知覺和評價，形成你的「自我概念」（self-concept）。對自己擁有正向自我概念的人，較能肯定自己的能力、看重自己的價值，能夠坦然面對外界的眼光，與他人維持良好的人際關係，因此能獲得滿意的生活。

相反地，對自己持有負向自我概念的人，常會擔心自己表現不佳而企圖逃避，不敢勇往直前，容易焦慮、自責，於是很可能會出現人際關係的障礙或其他各種適應不良的反應。

詹姆士（James, 1982）認為自我包含兩個部分，一為「主體我」：是對外界事物具有感知能力的主體，能經驗、想像、知覺、決策、計劃和行動；一是「客體我」：是被經驗和意識的客體，指一個人呈現於外的身體、財物、名譽、工作或心理等能力。這個客體我可分三部份：

1. 物質我（Material self）：包括個人的身體外觀、身體功能等外在條件，以及能力、興趣等外顯特徵。
2. 社會我（Social self）：指個人從社會團體生活中他人的反應來修正自己，擴充社會我的內涵，使自己能在不同社會場合中扮演不同的角色。
3. 精神我（Spiritual self）：指個人內在主觀的部分，如思想、感受、價值觀、心理傾向、人生態度等。

由於每個人的自我都由許多不同層面組織而成，一個健康的自我，應該要能夠包含下列幾點（賴倩瑜等，2000）：

1. 自知之明：能客觀地評價自己本身的能力、條件、優缺點等，不妄自菲薄，也不過度誇大。
2. 自我認定：能了解自己並清楚地掌握自己的特質，才能不受外界人、事、物的動搖，對自己較有信心。
3. 自我接納：接納自己所擁有的個人資產、個性和特質、優缺點和外在條件的限制等，才能坦然面對現實環境，減少不必要的挫折和壓力。
4. 自我肯定：對自己抱持正向的態度，看重自己的能力，肯定自己的意義和價值，才能充分發揮潛能，朝著理想的目標堅定地前進。

5.自我開放：樂於與別人分享經驗、溝通和互動，願意表達
自己的想法讓別人了解自己，也願意傾聽他人的意見並接
受他人對自己的評價，肯定自己也尊重別人。

生涯學者舒伯認為：生涯發展歷程基本上就是發展和實踐職
業自我概念的歷程。一個人的「工作滿意度」和「生活滿意
度」，取決於個人如何為自身的能力、需求、價值、興趣、人格
特質、自我概念尋找適當的出口。換句話說，個人從工作中所獲
得的滿意感，取決於個人實踐其自我概念的程度。

因此，認識並了解自己是生涯探索與規劃的起點。而生涯規
劃歷程中的自我探索，就是透過一些問題和活動，引領你更加瞭
解自己的興趣、能力、人格特質、價值觀和決定風格等。

「自我認識」可以說是生涯探索的起點；而向其他人描述你自
己，則是開始思考「自我」的一個好方法。

活動 2.1─自我的畫像

單元目標：透過自我介紹活動評估自己，認清自己的特質。

活動內容：

* 想像你正寫一封信給網路上認識卻素未謀面筆友，介紹你
  自己。
* 告訴他（或她）你是什麼樣的人？你最喜愛做的事、你最
  擅長的活動、以及你的未來計劃等。
* 記得附上一張你的可愛相片，或者是你的自畫像。
* 你會怎樣介紹自己？請和同學分享你的自我介紹。

我的素描

活動 2.2—我的青春記事板

單元目標：透過問題和活動進行自我探索，以更瞭解自己的
　　　　　　興趣、能力、價值和人格特質。

活動內容：

* 青春是什麼？要如何才能將「青春」寫真起來？要如何才
　能讓「青春」永垂不朽？要如何才能為「青春」留下一些
　值得珍藏的東西？

* 以六人為一小組，就「青春記事板」上的項目彼此分享討
　論。

* 請將你仔細想過、咀嚼過、分享過的不同面向的「自
　己」，在你的「青春記事板」上留下記錄吧！

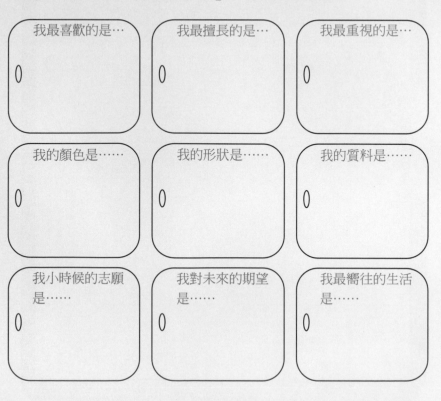

如果我有一筆一千萬的意外之財……

如果我已80歲了,人家會說我……

如果明天是世界末日,我最想完成的心願……

＊說明:

　　a. 你的「顏色」反映你的心情和個性。

　　b. 你的「形狀」代表你待人接物、與世界和人物接觸相處的方式或風格。

　　c. 你的「質料」則是你留給他人的印象和感覺。

　　d. 「小時候的志願」記錄的是在你對世界還懵懂無知時,你曾經有過的夢想和憧憬。

　　e. 「對未來的期望」反映的是現在的你對數年或數十年後未來世界中的你的遙想或願景。

　　f. 「嚮往的生活」呈現你所喜歡或嚮往的理想生活型態或風格,雖然使現在忙碌的你可能還沒有機會以你所嚮往的方式生活。

　　g. 「意外之財」的運用方式因人而異,反映你的金錢價值觀。

　　h. 「如果八十歲」是你對人生最後歲月的終極期待,是自我理想和期許的完成與實踐。

　　i. 「如果明天世界末日」省思的是當下你心中所掛念的未了心願,需要你劍及履及地去完成和實踐,可別讓生命留下無奈和遺憾!

活動2.3—我所扮演的角色

單元目標：辨認自己目前所扮演的角色，思考該角色的特
　　　　　徵、重要性、及該角色的行為。

活動內容：

＊辨認出你自己目前所扮演的幾種角色。

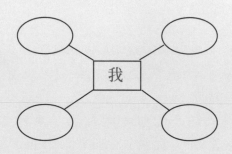

＊寫下這些角色的主要特徵、這些角色的重要性，以及如何
　習得這些角色行為。

＊在小組中討論角色特徵、重要性，以及如何習得這些角色
　行為。

	主要特徵	重要性	如何習得
角色一			
角色二			
角色三			
角色四			

活動2.4─我的成長

單元目標：促進對生涯發展歷程的自我覺察。

活動內容：

＊請以「我的成長」為題，撰寫一篇自傳，說明自己在成長
過程之中如何受到家人、社會、老師和同學影響。

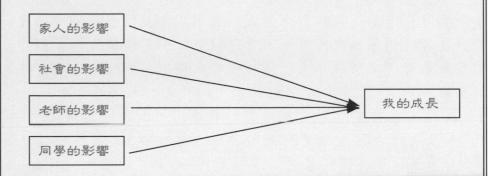

＊歸納這些影響的特質，並區分為「正向影響」和「負向影
響」。

＊在小組中說明自己在成長過程中所受到的「正向影響」和
「負向影響」。

正向影響

負向影響

第二節 人格特質探索

　　當你向別人介紹自己是一個「活潑」、「開朗」、「熱情」的人，或者當你形容自己是一個「文靜」、「細心」、「友善」的人，你就是在描述你的「人格特質」（personality），或是你的「個性」或「性格」（characteristics）。

　　人格特質是一個人在生活中對人、對事、對自己、對外在環境所表現出來的一致性因應方式。每個人在其成長歷程中，可能受到生理、遺傳、家庭教養、文化規範、學習經驗等因素的交互作用所影響，而形成自己的獨特個性，在不同情境中表現出特定的氣質。

　　某些人格特質之間具有相當的關連性，例如「活潑」、「開朗」、「熱情」的人通常也會較為「積極主動」，顯得較為「愛現」，因此也常具備較佳的「溝通能力」。另一方面，「文靜」、「細心」的人常會較為「謹慎」而「內斂」，因此也較重視「秩序」，讓人覺得「可靠」。當然，有許多人格特質是介在兩個極端中間的灰色地帶。透過這些人格特質的分析，我們可以歸納出幾個較為典型的人格組型，也許是A、B、O、AB四型，也許是十二星象為代碼的組型，也許是生涯學者何倫（John Holland）所提出的六邊形，也許是心理學家容格（Carl Jung）或梅爾（Isabeb／Myers）匠心獨具的十六種人格類型。

　　雖然人格特質的分析，讓「什麼樣的人會選擇什麼樣的工作」變得有跡可尋（就像是「物以類聚」）；但是，作為生活經驗之一環的「工作」，仍會持續不斷地對人格特質的形塑與修正發揮關鍵性的影響力，使得人格特質也逐漸發生轉變。例如，害羞內向的你也許是因為某種因素考上教育科系，而不得不學習當一位老師；經過多年課程教學的磨練之後，你很有可能會發現再也沒有人相信你也曾經有過「害羞內向」的年代了。

活動2.5—分析我自己

單元目標：瞭解自己與他人眼中自己的人格特質及其異同。

活動內容：

＊請試著用三句話來描述你自己的特質，填寫在下欄中。

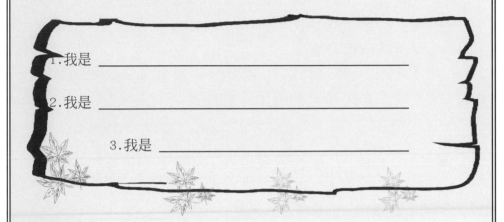

1.我是 _____

2.我是 _____

3.我是 _____

＊找一位你的朋友，請他列舉出你的三個特質，並和他一起
　討論你自己所寫下的特質。看看你的朋友對你的看法與你
　對自己的看法有些什麼異同。

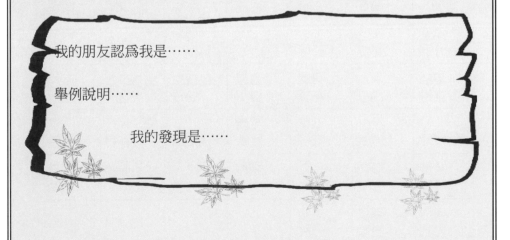

我的朋友認為我是……

舉例說明……

我的發現是……

活動2.6—人格特質拼盤

單元目標：瞭解自己的人格特質及其對職業選擇的影響。

活動內容：

* 下列是我們常用來形容人格特質的一些字眼，仔細想想看你自己具備了哪些特質？請將這些特質圈選出來。

* 再將這些形容詞提供給你的好朋友參考，也請他圈選出他認為你所具備的特質。

* 比對看看他所形容的你和你所形容的自己，有些什麼異同？為什麼會有這些異同？

R 順從	R 重視物質	R 溫和	R 坦白	R 自然	R 害羞	R 勤奮
R 誠實	R 有恆心	R 穩定	R 謙虛	R 實際	I 分析	I 獨立
I 喜歡解決問題	I 理性	I 內向	I 好奇	I 重視方法	I 冷靜沉著	I 批判
I 具科學精神	I 追根究底	I 深謀遠慮	S 親和力	S 人緣佳	S 喜歡與人接觸	S 樂於助人
S 為他人著想	S 隨和	S 寬宏大量	S 善體人意	S 溫暖	S 合作	C 循規蹈矩
C 喜歡規律	C 缺乏彈性	C 節儉	C 缺乏想像力	C 傳統保守	C 謹慎	C 有條理
C 按部就班	C 負責任	A 複雜善變	A 喜歡變化	A 缺乏條理	A 想像力豐富	A 崇尚理想
A 情緒化	A 直覺的	A 不切實際	A 不喜從眾	A 獨創性	A 較衝動	A 感性
E 富冒險性	E 精力充沛	E 善表達	E 慷慨大方	E 自信	E 有領導能力	E 活潑熱情
E 積極主動	E 喜歡表現	E 說服力強				

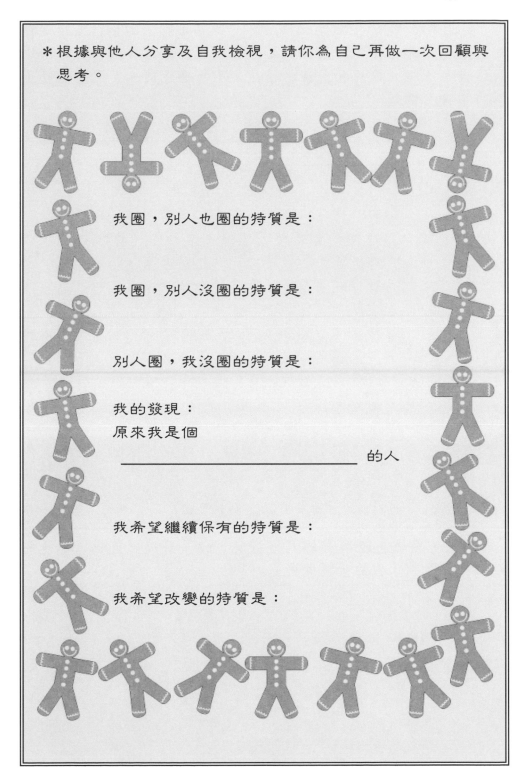

＊根據與他人分享及自我檢視，請你為自己再做一次回顧與
　思考。

我圈，別人也圈的特質是：

我圈，別人沒圈的特質是：

別人圈，我沒圈的特質是：

我的發現：
原來我是個

_____ 的人

我希望繼續保有的特質是：

我希望改變的特質是：

生涯學者何倫（Holland, 1973）認為每個人的生涯選擇是個人人格在工作世界中的表露和延伸。人們在其工作選擇和經驗中表達自己、個人興趣和價值。因此，不同個性的人，可能選擇不同的職業。例如：

實際型（R）的人具有順從、坦率、謙虛、自然、堅毅、實際、有理、害羞、穩健、節儉等特徵。

研究型（I）的人具有分析、謹慎、判斷、好奇、獨立、內向、精確、理性、保守、好學、有自信等特徵。

藝術型（A）的人具有複雜、想像、衝動、獨立、直覺、創意、理想化、情緒化、感情豐富、不重秩序、不服權威、不重實際等特徵。

社會型（S）人具有合作、友善、慷慨、助人、仁慈、負責、善溝通、善解人意、負洞察力、理想主義等特徵。

企業型（E）的人具有冒險、野心、抱負、樂觀、自信、有衝勁、追求享樂、精力充沛、善於社交、說服他人、獲取注意、管理組織等特徵。

傳統型（C）的人具有順從、謹慎、保守、自抑、謙遜、規律、堅毅、實際、穩重、重秩序、有效率等特徵。

所以，多方去瞭解你的人格特質，但不要被目前自以為是的人格特質限制了你的生涯發展。

活動2.7─人格氣質傾向分析

單元目標：透過活動檢視自己的人格氣質傾向。

活動內容：

＊請你試著判斷一下自己的人格氣質傾向是什麼？

外向 (E)	□喜歡和他人談話 □傾聽其他人說話 □炊煮晚餐，燒煮咖啡 □以汽車為工作工具	內向 (I)	□喜歡閱讀書籍 □思考想說或想做的事 □覺察自己的感受 □思考難題，以求瞭解
感官 (S)	□品嚐食物 □注意交通號誌的轉變 □記得一場演講內容 □按部就班做計畫	直觀 (N)	□突發奇想（做事的新方法） □思考目前行動的未來啟示 □尋思人們所言所行的底涵意義 □觀看大幅的圖片
思考 (T)	□仔細研究一項產品，購買同類型中最好的 □做「對的事」，無論是否喜歡 □選擇不買已經有的類似東西 □遵循指導原則來完成工作任務	感覺 (F)	□只因為喜歡就決定購買一些東西 □壓抑衝動，不告訴某人一些會令他難過的事 □只因為不喜歡工作環境，就決定不接受某項工作 □決定搬到離自己所關心的人較近的地方
判斷 (J)	□將要做的事列出一張清單 □預先把事情計畫安排好 □做出判斷和表達判斷 □將一個議題結束以進行下一個	覺察 (P)	□延宕做決定，評估其他可供考慮的選項 □立即自發性的行動 □當下做決定而不做預先的計畫 □總要到最後一分鐘才做事

　　這是依據心理學家梅爾等人（Myers & McCaulley, 1985）四類偏好向度（外向—內向、感官—直觀、思考—感覺、判斷—覺察）所建立的十六種人格氣質的典型。

　　讓我們先來看看有關四類偏好向度的說明：

1. 外向—內向：有一個世界在我們的周遭，有一個世界在我們自己的內心中。如果你傾向於處理外在世界中的事物，你是「外向型」（Extraversion）。如果你傾向於處理自己心中的內在世界，你是「內向型」（Introversion）。

2. 感官—直觀：我們都需要蒐集足夠的資訊，才能幫助我們做決定。「感官型」（Sensing）的人偏好運用以感官操作的具體方法去蒐集資料。「直觀型」（Intuition）的人偏好從所蒐集的資料中產生抽象的可能性。

3. 思考—感覺：當我們需要做出決定時，經常是以思考或感覺為基礎的。如果你是「思考型」（Thinking）的人，你傾向於遵循邏輯和推理來做決定，因此你是理性的、公平公正的、有一套既定的行為準則。如果你是「感覺型」（Feeling）的人，你傾向於因時因地制宜的決定，依據自己內在價值體系做自己認為是「對」的事，通常是主觀的。

4. 判斷—覺察：由於我們具有不同的氣質傾向，我們對外在世界或日常生活的態度也有所不同。「判斷型」（Judgment）的人偏好所接觸的事情都能條理分明、秩序井然，希望凡事都在掌握之中。「覺察型」（Perception）的人則希望事情能保持彈性開放、任其自然發生，而不受限於既定的軌道和常規。

　　外向（E）—內向（I）、感官（S）—直觀（N）、思考（T）—感覺（F）、判斷（J）—覺察（P）等八個向度均會影響個人對工作情境的喜好。例如：外向型者較偏好變化和行動，而內向型者偏好安靜和獨立工作。感官型者喜歡明確的做事方式，而直觀型

者不喜歡重複做相同的事。思考型者傾向於對人們的想法觀點作反應，而感覺型者傾向對人們的感受或價值作反應。判斷型者需依循計畫按部就班工作，而覺察型者常不在乎最後一分鐘的改變。

心理學家科塞（Keirsey）又將十六人格類型加以歸納命名，並分別標定該類型的生命主題，例如「守護者」致力於尋求安全穩定，「技藝者」致力於尋求感官刺激，「理論者」致力於尋求理性知識，「理想家」則致力於尋求自我認定（見附錄二）。

十六人格類型命名及生命主題

守護者（SJ）		技藝者（SP）		理論者（NJ）		理想家（NF）	
尋求安全穩定		尋求感官刺激		尋求理性知識		尋求自我認定	
ESTJ	督導者	ESTP	促進者	ENTJ	指揮官	ENFJ	教師
ISTJ	視察者	ISTP	工藝者	INTJ	策劃者	INFJ	諮商師
ESFJ	提供者	ESFP	表演者	ENTP	發明家	ENFP	得勝者
ISFJ	保護者	ISFP	創作者	INTP	建築師	INFP	治療師

你的人格氣質傾向和生命主題是什麼呢？把它找出來！你還可以請學校裡的輔導老師協助你進行幾個有關個性的測驗或「賴氏人格測驗」，讓你更瞭解你是怎樣的人，找到你進步的空間。

第三節 生涯興趣探索

在「男主外，女主內」的古老的年代裡，流傳著一個古老的諺語：「男怕入錯行，女怕嫁錯郎」。外出工作的男性如何選擇一個滿意且可終身從事的職業，就像是嫁入婆家當「煮婦」的女性如何選擇一張可靠的「長期飯票」一樣。

在這個追求兩性平等的年代，無論男性或女性，選擇「職業」和選擇「伴侶」仍有著極其相似的歷程和結果。

想想看，你會選擇什麼樣的伴侶？是你愛的，還是愛你的？是你自己喜歡的，還是要令別人滿意的？當然，如果二者能兼而有之更是完美無缺了！不過，世事總無法盡如人願，因此愈是能弄清楚自己到底喜歡什麼，愈能避免日後的懊悔和遺憾。

那麼，你究竟「喜歡」什麼呢？其實，這並不是一個可以簡單回答的問題。有些人因為缺少較豐富的生活體驗，單純地不知道自己喜歡什麼，可以透過實際從事或接觸嘗試，來試探自己的興趣所在。然而，很多人花了很長一段時間尋尋覓覓，仍無法釐清在「許多個」喜歡之間，究竟哪一個才是「最」喜歡？於是，對未來可能的發展感到茫然困惑，不知所以。

從事自己喜愛的工作，可以帶來較為愉悅的感受，讓自己更有動力積極投入工作之中，創造更大的成功機會，獲得更高度的成就滿足感，也因此會更為肯定自己的能力表現，對自己更具信心，更能充分發揮自己的潛能，完成自我實現的人生目標。這一連串可以讓你感受到愉悅、投入、成就、滿意、肯定、自我實現的良性循環的起點，就是「生涯興趣」（career interest），值得你多花一些時間深入去探索與釐清！

活動2.8—喜歡的日常活動

單元目標：從自己喜歡的日常活動中檢視生涯興趣。

活動內容：

＊當你不必上課時，你通常會從事哪些休閒活動呢？請列出
一至三個你平日喜歡的休閒活動。

當我不用上課或上班時，我通常喜歡從事的休閒活動

綜合來看，這些我喜歡從事的休閒活動，有些共同特性

＊請在下面的線條中標出適當位置：

資料　5　4　3　2　1　0　1　2　3　4　5　思維

人群　5　4　3　2　1　0　1　2　3　4　5　事物

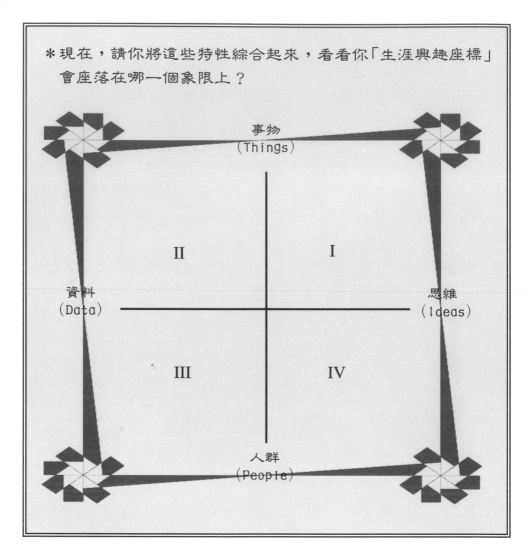

* 現在，請你將這些特性綜合起來，看看你「生涯興趣座標」
  會座落在哪一個象限上？

　　將職業興趣簡單地區分為四個象限，是美國學院測驗計劃
(American College Testing Program, 1985)「工作世界地圖」
(World-of-Work Map) 中對職業興趣的基本分類，提供我們一個
廣泛的方向，讓我們可以在未來與真實工作世界的接觸中，作進
一步的探索，才能逐漸集中興趣的焦點。「資料—思維」與「事
物—人群」可以分別說明如下：

● 資料（Data）：喜歡處理文字、數字或符號資料等的記錄、整理、分類、組織、歸檔等工作，以有助於進一步的分析與統整。

● 思維（Ideas）：喜歡創造、發現、解釋抽象的概念，從事知識的開發、統整與傳遞。尤指想法的啟發、觀念的傳遞、思考的運作、創意的發揮、真理的探究等認知過程。

● 事物（Things）：喜歡從事與機械、器具、材料、設備、產品等與人們無關的工作，並且喜歡處理物理現象的問題。

● 人群（People）：喜歡從事與人群有關的工作，和人群有所溝通和接觸，包括瞭解、服務、協助或教導，以及說服組織、管理或督導等。

　　綜合來說，生涯興趣座落在第一象限的人，喜歡抽象地思考及分析事物的道理；生涯興趣座落在第二象限的人，喜歡實際地操作或處理事物；生涯興趣座落在第三象限的人，喜歡以有系統的方式來組織和管理人群；生涯興趣座落在第四象限的人，則喜歡了解人們的心理，並協助人們解決問題。

　　你不妨找找班上同學中有誰的生涯興趣座標和你在同一象限上，和他們一同分享你所感興趣的休閒活動，以及你從休閒活動中所感受到的生活樂趣。

活動2.9─心中的桃花源

單元目標：探索自己的生涯興趣，預測未來職業生涯。

活動內容：

* 正是桃花盛開的春天，你剛好會有七天的春假，你計畫著前往遠方一處新開發的島嶼群度假。旅行社經理向你大力鼓吹這個旅遊的新據點：「這是我們和當地旅遊業合作開發的新路線，一共有六個各具特色、各有不同風情的島嶼。如果你時間許可，可以安排前往其中的三個島嶼，各停留幾天，保證你能遍覽島上風光，樂不思蜀。」

* 請仔細瀏覽旅遊手冊上記載著這六個島嶼的特色：

「A」島：美麗浪漫的島嶼，島上充滿了美術館、音樂館，瀰漫著濃厚的藝術文化氣息。同時，當地的原住民還保留了傳統的舞蹈、音樂與繪畫，許多藝文界的朋友都喜歡來這裡找尋靈感。

「S」島：溫暖友善的島嶼，島上居民個性溫和、十分友善、樂於助人，社區均自成一個密切互動的服務網絡，人們多互助合作，重視教育，絃歌不輟，充滿人文氣息。

「E」島：顯赫富庶的島嶼，島上的居民熱情豪爽，善於企業經營和貿易。島上的經濟高度發展，處處是高級飯店、俱樂部、高爾夫球場。來往者多是企業家、經理人、政治家、律師等，衣香鬢影，夜夜笙歌。

「C」島：現代井然的島嶼，島上建築十分現代化，是進步的都市型態，以完善的戶政管理、地政管理、金融管理見長。島民個性冷靜保守，處事有條不紊，善於組織規劃。

「R」島：自然原始的島嶼，島上保留有熱帶的原始植物林相、自然生態保育甚佳，也有相當規模的動物園、植物園、水族館。島上居民以手工見長，自己種植花果蔬菜、修繕房舍、打造器物、製作工具。

「I」島：深思冥想的島嶼，島上人跡較少，建築物多僻處一隅，平疇綠野，適合夜觀星象。島上有多處天文館、科博館，以及科學圖書館等。島上居民喜好沈思、追求真知，喜歡和來自各地的哲學家、科學家、心理學家等交換心得。

＊這六個島嶼代表著六種典型的生涯與趣類型，它們的相關位置就像是一個正六邊形。看看你的同學或朋友之中，哪些人和你志同道合，可以呼朋引伴一起去探險？哪些人可以和你一起開創新生活？哪些人可以預約大未來？

*假如你僅有七天難得的假期,你會考慮到哪三個島嶼度假呢?你的優先選擇是什麼?

> * 我的度假計畫:
>
> 選擇1:＿＿＿島,因為:＿＿＿＿＿＿＿＿＿＿＿＿＿
> 選擇2:＿＿＿島,因為:＿＿＿＿＿＿＿＿＿＿＿＿＿
> 選擇3:＿＿＿島,因為:＿＿＿＿＿＿＿＿＿＿＿＿＿

*仔細想想,如果你有機會能影響政府施政決策,致力建設台灣,你會期待將台灣建設成哪一個島嶼呢?或者你期待未來能在哪一個島嶼上工作和生活?哪一個島嶼是你心中的桃花源?
你有三個優先選擇:

> * 我的生活計畫:
>
> 選擇1:＿＿＿島,因為:＿＿＿＿＿＿＿＿＿＿＿＿＿
> 選擇2:＿＿＿島,因為:＿＿＿＿＿＿＿＿＿＿＿＿＿
> 選擇3:＿＿＿島,因為:＿＿＿＿＿＿＿＿＿＿＿＿＿

*最後,想像你已年華老去,希望能找到一個最適合你度過退休生活的居所,以安享天年。哪一個島嶼最能吸引你?

> * 我的退休計畫:
>
> 選擇1:＿＿＿島,因為:＿＿＿＿＿＿＿＿＿＿＿＿＿
> 選擇2:＿＿＿島,因為:＿＿＿＿＿＿＿＿＿＿＿＿＿
> 選擇3:＿＿＿島,因為:＿＿＿＿＿＿＿＿＿＿＿＿＿

你有三個優先選擇可以安排你的退休計畫：

就像人格類型一樣，生涯學者何倫（Holland, 1992）也將職

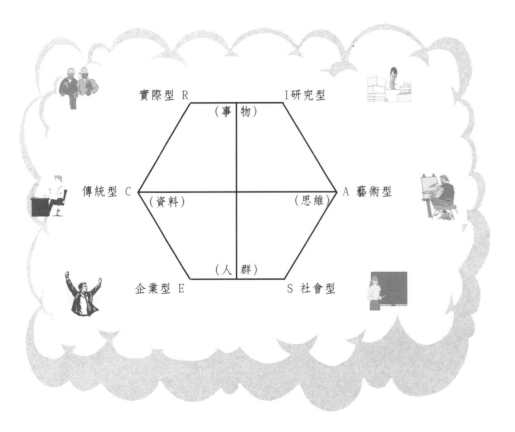

業興趣區分為以下六種不同的類型：

◆ 實際型（Realistic）：喜歡運用工具、以手操作機械，參與體能運動與戶外活動。較喜歡相當實務性的課程，以習得機械的使用或體能技術。

◆ 研究型（Investigative）：喜歡學習新知，推理事物之間的邏輯關係，研究且解決抽象的問題，重視科學。對未知問題的挑戰充滿興趣，習慣「打破砂鍋問到底」。

◆ 藝術型（Artistic）：喜歡以自由和非系統性的方式來表現自己、發揮想像力，創作音樂、美術、文章或戲劇。喜歡情感性表達，而非邏輯性思維。

◆ 社會型（Social）：喜歡了解他人或與他人溝通，建立良好的人際關係，關心他人的福祉，熱心於服務人群或研究人類行為和社會現象，喜歡經由討論、團隊工作來解決複雜問題。

◆ 企業型（Enterprising）：喜歡策劃活動、在組織中領導他人、或以言語說服或影響他人，對商業銷售與企業運作有獨到的見解和興趣。

◆ 傳統型（Conventional）：喜歡以有條不紊的方式，去處理文書或組織數字資料，隨時記錄應注意的事項，按部就班且井然有序地完成工作的任務。

然而，真實的職業興趣與人格特質很少純粹是某一型態，大部分的職業興趣多綜合了數種型態，因此何倫應用三個英文字母的代碼，來描述個人的職業興趣和特質。例如，一個人喜歡分析研究人類行為以尋求解決社會亂象的創新方法，那麼，他可能就同時符合了「研究型」、「藝術型」與「社會型」的特質，因此他的職業興趣代碼很可能就是「IAS」或是「SIA」，端視其較偏重的是心理研究或是輔導策略而定。而且，當人們有機會從事這些相關聯的活動時，可能會愈來愈對活動的不同層面感到興趣，並發展出許多特定的能力，於是也愈可能在某些特定環境中獲得成功的機會，其人格型態才能愈發確定。因此你不必一開始就將職業興趣限定在六類型中的某一特定類型，保留給自己多方開拓職業興趣的可能性。

此外，適配性、差異性和一致性是運用何倫類型理論於生涯探索時的三個重要概念。

適配性（congruence）係指你的人格特質和你所喜歡的職業活動之間的符合程度，如具有社會型特質的人愈是喜歡從事社會型的工作。如果你喜歡的職業活動和你的人格特質並不一致，例如一位害羞內向的人卻憧憬須雄辯滔滔的工作，可能會產生許多的挫折和不適應。

　　差異性（differentiation）是指你所喜歡的類型之間能顯現出較大的差異，如你的社會型和藝術型的表現或分數可能明顯高於其他類型。如果對各類型喜歡的程度差異不大，表示你的生涯興趣尚未充分分化出來，你必須藉助實際參與各種活動來進行深入的探索。

　　一致性（consistency）是指你在六個生涯興趣類型中表現較高的前三個類型彼此之間的相似程度，如社會型與藝術型因在六邊形的相鄰兩邊，表示這兩個類型的一致性較高；而處在對角線上的社會型與實際型則相當不一致。這是因為社會型的人喜歡幫助別人，在團體中工作，看重人際間的互動；但實際型的人則偏好用機器來工作，而不喜歡以人群為工作的對象。如果你喜歡的三個類型並不一致，你必須仰賴其他探索活動來協助你作出最令自己滿意的抉擇。

　　在活動2.9「心中的桃花源」中，你可以嘗試將「度假計畫」中的優先選擇當作你的休閒興趣；但須更嚴肅地看待你「生活計畫」中的優先選擇，因為你對目前台灣建設的期許更實際地反映出你的職業興趣。而你的「退休計畫」則可視為你對未來生活的憧憬和期待。

　　你還可以請學校裡的輔導老師協助你進行幾個生涯興趣測驗或職訓局編訂的「我喜歡做的事」，你將更確定你的生涯興趣。

單元2.10─更認識自己

單元目標：在釐清自己的生涯興趣類型之後，協助你更進一
　　　　　步認識自己。

活動內容：

＊請一一檢視你有多符合你的生涯興趣類型，以及各類型的
　人通常會從事的工作。

實際型（R）

　　如果你是一個「實際型」的人，你可能在下列的敘述中
認識自己。

◆ 你擅長並喜歡運用手與手指工作
◆ 你喜歡用工具、物品、機器工作
◆ 你有（或願意培養）手工、機械、電子這些領域的技
　能
◆ 使用身體技術時你會覺得比語文、思考、或情感的活
　動快樂
◆ 你可能具備下列一個或一個以上的能力
　身體協調 ◎體力 ◎敏捷 ◎邏輯
◆ 你喜歡在戶外
◆ 你喜歡動物
◆ 你被視為一個「腳踏實地」或「實事求是」型的人
◆ 你喜歡以行動解決問題

研究型（I）

假如你是「研究型」的人，你可能在下列的敘述中認識自己。

◆ 你喜歡運用理性;好奇、勤學且獨立
◆ 你喜歡思考甚於行動
◆ 你擁有數學、物理科學及生物學方面的技能，並想更加充實
◆ 你有時被描述為知性的;有時被描述為不依循慣例的
◆ 你喜歡以思考來解決問題，且常相信自己的理性和想法甚於其他的人或事
◆ 你可能會喜歡科學或醫學的工作

藝術型（A）

如果你是「藝術型」的人，你可能在下面的一些敘述中認識自己。

◆ 你喜歡逃離例行公事
◆ 你擁有語言、美術、音樂、戲劇、寫作技能，並想要更加充實
◆ 你可能對事物不信任，但信賴自己的理智、身體和感覺
◆ 你喜歡視覺、聽覺、觸覺上的美與變化，欣賞脫俗有趣的人
◆ 你有時被形容為有點反抗的或有點反社會的
◆ 你喜歡可以盡情發揮你的創意技能和天賦的工作
◆ 你有創意、敏感，並喜歡構思新方法來解決問題

社會型（S）

如果你是「社會型」的人，你可能在下面的一些敘述中認識自己。

◆ 你喜歡幫助別人，而且你友善、敏銳、樂於助人及有責任感
◆ 你喜歡親近人，並分擔別人的困難
◆ 你從維持團隊良好合作中得到滿足
◆ 你有時被描述為真誠、圓融及善解人意的
◆ 你喜歡別人信賴你的感覺，並觀察別人的感覺來解決問題
◆ 你喜歡從事與人接近的工作

企業型（E）

如果你是一個企業型的人，你可能在下面一些敘述中認識自己。

◆ 你喜歡企畫
◆ 你喜歡領導及影響別人
◆ 你外向、有精力、有自信、熱誠
◆ 你擁有領導、激勵和說服別人的技能，並想要更加充實
◆ 你喜歡組織、管理、變化和地位
◆ 你有時被描述為有抱負以及可能喜歡權力和金錢
◆ 你喜歡有關推銷或管理人的工作
◆ 你喜歡冒險涉入自己及別人的情境以解決問題

<u>傳統型（C）</u>

　　如果你是「傳統型」的人，你可能在下面的一些敘述中充分的認識自己。

◆ 你喜歡組織良好並有清楚的程序
◆ 你很仔細、條理分明、精確並很會注意細節
◆ 你喜歡有紀律、清楚的目標、安全及明確
◆ 你被描述為負責並可信賴的
◆ 你可能有好的基本技能和計算能力，並想加強
◆ 你喜歡組織事情，且可能想在大機構中工作
◆ 你喜歡運用，並依循嘗試、試驗過的程序來解決問題
◆ 你想要有關系統、操作電腦系統、文字處理的工作

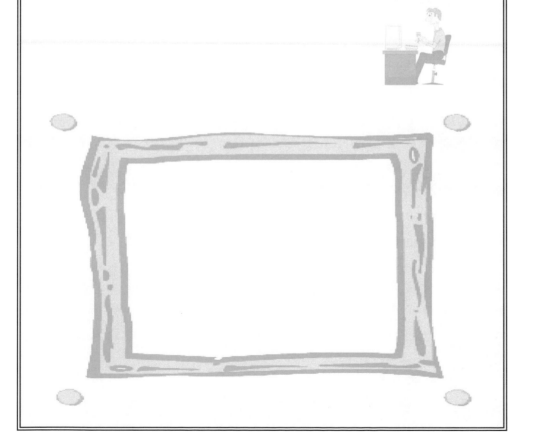

第四節 生涯能力探索

能力在生涯決定中是很重要的決定因素，你有那些能力，決定了你可以往那些方向發展。

能力不足會讓你裹足不前，沒有勇氣去做你喜歡的事。例如，你也許和大多數人一樣，很喜歡整天坐在電腦前玩電腦遊戲，但可能還不具備電腦遊戲的程式設計能力，而無法成為軟體工程師。你也可能夢想著行遍天涯、深入蠻荒，卻抱憾於自己的語言表達及溝通能力而難以圓夢。甚至，你可能夢想成為眾人欣羨追逐的影歌紅星，卻始終遺憾沒有人欣賞你的歌聲或演技。

一般人具有的能力可依能力來源分為兩種：先天能力是指潛力，亦即一個人天生的能力傾向，又稱「性向」（aptitude）；很容易在學習訓練中激發出來。後天能力是指習得能力，亦即個人後天習得的知識、技能，是來自經驗累積的成果；可經由努力學習而得。

依能力性質可區分為兩類：普通能力指的是智力，具學習任何事物的基本能力，如語文、數理、空間關係等的學習、運用符號、抽象思考及解決問題的能力；通常可由智力測驗來瞭解。特殊能力則是一個人在某一特定領域上的特長，如音樂、藝術或數理......等領域的特長，可能是天生的或習得的能力。此種能力可藉由標準化的特殊能力測驗來瞭解。

有能力完成一些想做的事，會讓你對自己更具有信心。然而，某些你很擅長的工作任務，卻可能無法吸引你投入的興趣。就像有人可以當很好的醫生，但他寧可從事喜歡的表演或創作；你可能具有成為優秀運動員的天分，但你卻喜歡較為靜態的室內設計。此時，令人困惑的問題經常是你是否具備了你所喜歡的工作所要求的能力？或者，你要如何培養你自己，才能具備你所需要的能力？

有些事你不會做，並不真的是因為你沒有能力，而是因為你從來不曾「學」過，或者是你不曾給自己機會充分地學習。例如，你不會修理電器，可能只是因為從來沒有人教過你如何修理

電器。如果你真的希望有朝一日能成為專業攝影師，唯一的方法是去學習攝影技術；加入攝影社將是一個適當的學習起點。培養自己的能力，的確需要投資時間、金錢或心力，但是如果完全不願意投資於自己，那麼你可能永遠成為不了電機工程師或專業攝影師。

心理學家班都拉（Albert Bandura, 1986）曾將一個人對自己行動能力的信心，以及對完成特定行動目標或成就表現的信心，稱為「自我效能」（Albert self-efficacy）。自我效能感很低的人在面對較為困難的任務時，經常會認為自己沒有足夠的能力將事情做好，而頹然放棄，無法堅持下去。

我們常會從過去的學習經驗中學到對特定行為結果的期待，而影響到對自己能力表現的信心。如果經驗是成功的，會對自己再度遭遇類似經驗時的能力表現較具信心，於是也更能全力以赴；經驗是挫敗的，則很難培養起對自己能力表現的信心，甚至會試圖逃避再度經歷類似的情境，而阻斷了自己再度學習的機會。因此，我們為自己設定的生涯目標，常只是反映了我們對自己在某方面能力表現的信心，不見得是自己真正擁有的能力或實際的表現水準。

如果我一直不斷地「告訴」自己：我缺乏在公眾場合精彩演說的能力，那麼一遇到公眾場合我就會緊張焦慮，眼神閃爍、聲音顫抖，大概就沒有機會成為知名的演說家了。如果我「告訴」自己：我「有能力」做精彩的演說，只要我做好充分的準備；如果我尚未出現水準的表現，只是因為對陌生的環境仍有些許不適應，或尚未做好充分的準備。那麼，我仍然會願意投注心力去學習如何做一場能贏得滿堂彩的演說。

思考自己的能力時，不妨以正向的眼光看待自己尚未被完全開發的潛能和資產，相信自己有能力做一些正向的改變，相信未來並非不切實際的「夢想」，而是我們有能力去逐步達成的「理想」。

這時候，「年輕」是你最雄厚的資本，值得你更積極投資於開發自己的潛能，培養更優越或更高階的生涯技能，才能在不同生涯領域之間游刃有餘。

　　你不妨仔細思量在未來的生涯歷程中，你需要什麼樣的能力？然後，從現在開始好好栽培自己！

活動2.11─我的工作技能

單元目標：透過自我檢視歸納瞭解自己目前可以表現在工作上的技能。

活動內容：

＊請仔細閱讀作業單中所列出的可轉換技能（指可以使用在一個以上的情況中或是可以從學校轉換至工作中的技能，這些技能是確保未來良好工作表現所必須的。）

＊將「可轉換於工作的技能」之作業單剪成卡片。

＊請拿出四張卡片，依下面的指示，放在你桌上空出來的地方。作

　　◆ 你喜歡冒險涉入自己及別人的情境以解決問題

可以做得非常好　　　可以做，但不是很好

只要努力，可以做得好　　不是我的能力之一

＊仔細閱讀這些技能卡，並根據所描述的技能，判斷自己的
　感覺，將每張卡片放在前面那些卡片的上面。

＊拿起在「可以做得非常好」上的那堆卡片，然後根據你可
　以做得最好的順序排列。

1 ＿＿＿＿＿＿＿＿＿＿＿＿＿＿＿＿＿＿＿＿＿＿

2 ＿＿＿＿＿＿＿＿＿＿＿＿＿＿＿＿＿＿＿＿＿＿

3 ＿＿＿＿＿＿＿＿＿＿＿＿＿＿＿＿＿＿＿＿＿＿

4 ＿＿＿＿＿＿＿＿＿＿＿＿＿＿＿＿＿＿＿＿＿＿

5 ＿＿＿＿＿＿＿＿＿＿＿＿＿＿＿＿＿＿＿＿＿＿

6 ＿＿＿＿＿＿＿＿＿＿＿＿＿＿＿＿＿＿＿＿＿＿

7 ＿＿＿＿＿＿＿＿＿＿＿＿＿＿＿＿＿＿＿＿＿＿

8 ＿＿＿＿＿＿＿＿＿＿＿＿＿＿＿＿＿＿＿＿＿＿

9 ＿＿＿＿＿＿＿＿＿＿＿＿＿＿＿＿＿＿＿＿＿＿

1０＿＿＿＿＿＿＿＿＿＿＿＿＿＿＿＿＿＿＿＿＿＿

＊從「不是我的能力之一」的那堆卡片上挑出一張，告訴自
　己你要設法改善它，並且擬定計畫去做。

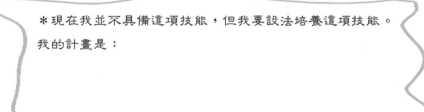

　　　＊現在我並不具備這項技能，但我要設法培養這項技能。
　我的計畫是：

★保持身體強健

★改造及裝配東西

★精準快速地處理事物

★把小片塊放在一起—組合東西

★使用工具—例如：鎚子、螺絲、起子、廚具

★研究東西如何運作

★手和眼睛的協調

★從事困難的體力勞動

★靈巧地使用雙手

★開車、騎腳踏車或機車

★修理東西

★身體反應迅速

★顯現身體活動的協調

★研究和蒐集資訊

★使用機器工具、打字機、縫紉機、電鑽及其他工具

★複習及評估已發生的事

★注意細節及精密度

★遵循說明及圖表

★以清楚的書寫傳遞資訊

★從書籍、電視、收音機等等找尋資訊

★分析資料及事實

★保存並更新資料

★將資料分類、歸檔

★統計資料

★設計事物、事件及活動

★理財及作預算

★提出新構想

★記住數字或包含數字的事物

★正確地心算

★分類並篩選資訊

★參考許多不同的問題解決方法

★使用自己的感覺解決問題

★作曲

★透過身體、臉部表情及聲音傳達情感或想法

★有創意地使用顏色、形狀或空間

★想出解決問題的方法

★迅速、準確地判斷人、事、物

★接受別人的構想並且發揚光大

★助人

★使用資訊來形成構想

★領導並指揮別人

★創意的寫作—故事或詩

★讚美把事情做好的人

★與人聊天

★主動與初次見面者打交道

★組織人群

★說服別人接受一個構想或賣給他們某些東西

★傾聽並且察看別人的觀點

★對別人解釋如何做事

★激勵人們並且讓他們想做一些事

★關心別人感覺

★改造、製造東西；善用身邊的東西；當場製作

★使人覺得受歡迎並且被接受

★透過圖畫及音樂傳達情感或想法

★在團體中、公開的場合表演

活動2.12—生涯技能測驗

單元目標：透過「技能」量表的填寫，瞭解自己目前擁有的
生涯技能。

活動內容：

＊下列是美國學院測驗計劃「工作世界地圖」中描述「技能」
的量表，請依據你平常的行為表現，對自己目前所擁有的
生涯技能做出最真實的判斷。

符合 /普通/ 不符合

處理資料方面			
D1.綜合能力：能統整解釋已分析的資料，發現事實或知識。	☐	☐	☐
D2.協同能力：能運用已分析的資料規劃行動方案。	☐	☐	☐
D3.分析能力：能檢視、評估和分析資料間的關係。	☐	☐	☐
D4.彙整能力：能蒐集、整理資料，或將資料分門別類。	☐	☐	☐
D5.電腦能力：能以電腦進行資料的運算和操作。	☐	☐	☐
D6.拷貝能力：能將資料輸入電腦，或以其他方式轉錄資料。	☐	☐	☐
D7.比較能力：能觀察資料、人們和事物，以做出適當判斷。	☐	☐	☐
接觸人群方面			
P1.顧問能力：能對他人提供指導、忠告、諮詢或建議。	☐	☐	☐
P2.磋商能力：能和他人交換看法、資訊和意見，以做決定或 解決問題。	☐	☐	☐
P3.教學能力：能藉說明、示範、或練習等指導或訓練他人。	☐	☐	☐
P4.督導能力：能為他人分派工作或責任，並能與其維持和諧 關係，提昇工作效率。	☐	☐	☐
P5.娛樂能力：能藉媒體或其他方式來娛樂他人，帶來歡愉情 緒。	☐	☐	☐
P6.說服能力：能影響他人的觀點、想法或作法。	☐	☐	☐
P7.指示能力：能與他人談話或指示他人，以傳達或交換資訊	☐	☐	☐
P8.服務能力：能注意他人的需求，並提供立即的回應。	☐	☐	☐
P9.聽從能力：能遵循管理者的指示、教導或命令。	☐	☐	☐

符合/普通/不符合

處理事物方面			
T1.設定能力：能設計、規劃和安裝儀器設備，以利他人操作。	☐	☐	☐
T2.精密能力：能精確地運用判斷力選擇或調整儀器或設備。	☐	☐	☐
T3.操控能力：能啓動、停止、控制或調整儀器或設備。	☐	☐	☐
T4.駕駛能力：能駕駛機器或爲機器導航，決定速度、評估距離	☐	☐	☐
T5.操縱能力：能選取或移動儀器、設備或工具。	☐	☐	☐
T6.照料能力：能啓動、停止、和觀察儀器或設備。	☐	☐	☐
T7.供輸能力：能添加原料，或將原料從儀器中取出或更換。	☐	☐	☐
T8.交付能力：能移動或攜帶他人所指示之儀器或工具。	☐	☐	☐

＊看一看你所擅長的生涯技能較傾向於處理資料？接觸人群？還是處理事物方面？

＊檢核過你所具備的基本生涯技能，你是否對自己更有信心了呢？

活動2.13─生涯興趣類型的能力特性

單元目標：檢核自己的生涯技能是否與興趣符合，找出需努力的方向。

活動內容：

＊生涯學者何倫（Holland）所提出的生涯興趣類型中，各類型均有其相對應的能力特性。

＊請你檢核自己的生涯技能是否與自己的生涯興趣相符合？

＊如果符合，該類型可能就是最適合你發展的生涯方向。請你寫出你的檢核結果。

＊如果不盡然符合，你會在你的興趣的領域中培養那些能力？在你所擅長的領域中培養那些興趣？

R實際型：能夠執行在處理物體、機械、
工具、運動配備、植物或動物
等方面需要機械能力、體力或
協調力的活動。

I研究型：能夠執行需要觀察、評估、評
量和理論劃之理智或分析技能
的活動，以便解決問題。

A藝術型：能夠執行需要藝術、創意、表
達和直覺等技能的活動，以利
用文字、動作、聲音、顏色或
具體的方式來傳遞美感、思想
和情感

S社會型：能夠執行需要和人群一起工作
的活動，以便告知、啟迪、協
助、訓練、發展，或治療他
們、

E企業型：能夠執行需要說服、管理、監
督和領導等技能的活動，以便
獲取某一機構的、政治的、社
會的，或經濟的利益。

C傳統型：能夠執行需要注意細節、精確度和一些文書技
能的活動，以便記錄、編檔，及根據特別指示
的程序來組織數字和語文的資料。

　　興趣和能力是選擇職業的要點。做自己喜歡又能勝任的事很
容易獲得成就；自己喜歡卻不能勝任的事，只能成為糊口而毫無
樂趣的工具；最慘的是自己不喜歡又不能勝任的事，註定是失敗
的人生；興趣與能力不一致時，就很容易出現眼高手低的現象
喔！

第五節 生涯價值探索

　　二十年前的年輕人談到生涯大夢，不外乎是「五子登科」－－擁有銀子、房子、車子、妻子、兒子。現在，隨著經濟的發展、社會的變遷，對年輕人而言，有些「子」已可以提前獲得（如車子），有些「子」已不再像從前受到普遍的重視（如兒子）。

　　那麼，現在的年輕人流行什麼生涯大夢呢？每回問起，總有許多人會說：「錢多、事少、離家近」、「位高、權重、責任輕」、「睡覺睡到自然醒」－－一個只應天上有不似在人間的超完美夢想，除了「老闆」之外並不存在的職務。於是，任你在人間尋尋覓覓，蹉跎青春，也很難找尋到這麼美好的差事。因為，一份待遇甚佳的工作，通常也會要求投入較多的工作時間，所擔負的責任較重，而工作壓力也會較大，是絕對不可能「睡覺睡到自然醒」的。所以，當你面臨工作、職業或生活型態的選擇時，你須明確釐清自己最重視的究竟是什麼？

　　生涯學者勃登（Bordin,1984）主張工作可提供個人內在需求的滿足，個人是透過工作上的表現來尋求其個人的意義和價值，也在工作中致力於達成自我的實現。因此，工作世界中可以提供你滿足心理需求的標的物，在你選擇工作或職業時會顯得相當重要，這就形成了你的「生涯價值」（career value）。

　　然而，個人所看重的價值，是從與社會環境的接觸經驗中學習得來的，因此你的生涯價值也反映了你所處的社會次文化團體的生涯價值體系。生涯學者舒伯（Super,1970）認為一般人的生涯價值多與工作的特定層面有關，如收入、工作時間、升遷、助人機會、獨立性、變異性、管理等。從事一個和生涯價值相符合的工作或職業，是達成滿意生涯的必要條件。

　　價值觀的評量有助於生涯方向的選擇，例如，對於某些人而言，助人是比興趣或能力等特質還重要的一項期望，所以在生涯選擇上就傾向於選擇能有較多「助人」機會的工作。這項視助人為生涯選擇之重要考慮因素的價值觀，即稱為「利他」。

　　現在，就讓我們一起來探索你的生涯價值。

活動2.14—價值清單

單元目標：探索自己所重視的價值觀。

活動內容：

＊請就下列價值清單仔細想想自己所看重的價值觀。

＊依據你個人重視的程度，選出五項。

價值清單					
	成就感		獨立自主		安全感
	美的追求		愛		自我成長
	挑戰		家庭		協助他人
	健康		歡樂		人際關係
	財富		權力		道德感

＊依序列出你最重視的五項，並在六人小組中分享你對自己
價值觀所考慮的因素是什麼？

活動2.15—我的理想工作

單元目標：瞭解個人的生涯價值觀

活動內容：

* 能夠找到一份完全符合你的理想的工作，是一件令人興奮的事。即使完全符合理想的機率並不太高，但愈是清楚明白自己所追尋的理想，愈能對自己的生涯選擇感到滿意。

* 仔細閱讀次頁所提供的卡片上的敘述，勾選出九張你覺得較符合你理想工作的卡片。

* 你也可以在空白的卡片上，填寫你自己的理想。

* 請你判斷這九張卡片的相對重要性，並在下圖中排列出來。

* 將你覺得最重要的排在第一個方格，最不重要的排在第九個方格。

* 以六人為一小組，彼此分享和討論你對理想工作的期待是什麼？為什麼？

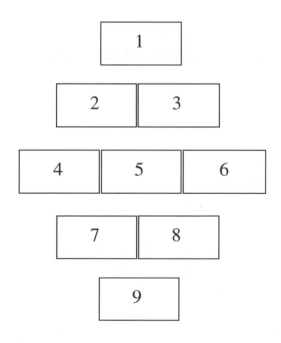

理想工作清單		
自豪 你想做令你驕傲的工作	**安定** 你要一份穩定的工作，它不易使你成為冗員	**步調** 你要一份可自己決定進度（可快、可慢）的工作
例行公事 你要一份大多數時間裡做相同事情的工作	**體力** 你要一份需要體力的工作	**團隊** 你要一份工作，在這工作中，你是團隊的一份子
酬賞 你要人們欣賞你的工作	**刺激** 你要一份充滿刺激的工作	**單獨** 你寧可獨自一人工作
金錢 你想要賺一大筆錢	**冒險** 你想要一份可冒險的工作	**藝術** 你喜愛包含繪畫、設計、音樂、模型設計等的工作
興趣 你要一份有趣的工作	**溝通** 你要一份可使用文字或言語來表達構想的工作	**環境** 你要一份環境很好的工作
挑戰 你喜歡有壓力、有新的難度的工作	**自由** 你要自行決定工作時間，而不願在固定的時間工作	**升遷** 你要一份有良好升遷管道的工作
創意 你要一份可以構思新觀念、方法來處理事情的工作	**平順** 你比較喜歡一份沒什麼壓力或不愉快要求的工作	
變化 你想要做許多不同的事	**地位** 你要一份別人尊敬的工作	
活力 你要一份活躍而不是整天枯坐的工作	**助人** 你要一份幫助人群的工作	

許多心理學者相信，一個人在選擇職業時，不只從外在的酬賞獲得立即性的滿足，而且是期待能從職業獲得最終和長期性的滿足。因此，一個人所選擇的職業，很可能是當時用以滿足其潛意識動機或基本心理需求的最好方式。換句話說，當一個人愈能確認某一特定職業能滿足其現在之需求，或未來能有滿足需求的可能性時，愈有可能選擇從事該項職業。

例如，很多人對金錢無止盡的追求，常常是導因於童年時期生活在經濟上的匱乏與不穩定，而強烈地需要藉由工作上的報酬來滿足其對生存或安全的基本需求。然而，當個人汲汲營營於要賺比別人更多的金錢時，則很可能是用金錢來填補他亟欲受人尊重的需求。此時，對金錢或物質報酬的重視，可能係因其同時滿足了個人生存、安全、愛、尊重、自我實現等不同層次的心理需求。

「明尼蘇達重要性問卷」（Minnesota Importance Questionnaire）就是一份用來測量「需求」和「價值」的問卷。如（表2.1）的說明：

- 成就（achievement）：指個人能運用或發揮自己的能力，所做或完成的事能讓自己有成就感。

- 舒適（comfort）：包括許多在處理工作時的需求，以使工作較無壓力，且帶給工作者利益。包括忙碌（活動）、獨自工作（獨立）、做不同的事（變異）、有良好收入（補償）和穩定的工作（安定）等。

- 地位（status）：他人如何看待工作者或認可工作者，是此一價值的重點。個人可以透過升遷的機會、他人對工作的認可、聲望（社會地位）、指揮別人（權威）來獲取地位。

- 利他（altruism）：與地位相對的，利他所考慮的重點是個人如何協助他人或與他人合作。包括為他人做事（社會服務）、與同事和好相處（協同工作者），及合於道德的工作。

表2.1 明尼蘇達重要性問卷之價值、需求和有關陳述

價值	需求量尺	說　明
成就	能力發揮	我能應用或發揮我的能力
	成就	工作能使我有成就感
舒適	活動	我會一直忙碌
	獨立性	我能獨立工作
	變異性	我能每天做不同的事
	補償	我的收入能比其他人多
	安全	工作能有穩定性
	工作環境	工作能提供良好的工作環境
地位	升遷	工作能提供升遷的機會
	認可讚賞	我所做的工作能獲得他人的認同
	權威	我能指示他人該做什麼
	社會地位	我可以在社會中佔有一席之地
利他	同事關係	我的同事很容易相處
	道德價值	我所做的工作不能讓我感到在道德上是錯的
	社會服務	我能為其他人做一些事
安全	公司政策 與實務	公司會執行公平合理的政策
	督導與人 群關係	老闆（或上司）會照顧員工下屬
	督導技術	老闆（或上司）會提供員工良好的訓練
自主	創造性	我能在工作中嘗試自己的想法
	責任	我能自己做決定

資料來源：Dawis & Lofquist (1984)

● 安全（safety）：此一價值反映了秩序和可預測性的重要，而非僅止於無風險的工作環境。包括公司政策的公平執行、老闆的支持與提供訓練。

● 自主（autonomy）：某些人希望能為自己工作，可以發揮自己的創意（創造性）或做出自己的決定（責任）。

　　你的生涯選擇乃是你透過價值的實現，以擴大心理需求滿足的嘗試。因此仔細釐清你的生涯價值觀，將有助於你未來能獲得滿意的生涯選擇和生涯發展。

第六節　決定風格探索

　　做決定（decision-making）是人類成長的重要里程碑之一。隨著年齡漸增，我們需學會安排自己的生活，並為一生中的一些重大事件做決定，例如：交友、考試、升學、就業、婚姻、政治、宗教，以及其他許多重要事件等。甚至，我們每天也都須為一些日常生活瑣事做決定，例如，穿衣、吃飯、看書、看電視或電影、渡假旅遊，以及其他休閒娛樂活動的選擇等。

　　魚與熊掌兼得，是許多凡夫俗子對幸福的期盼。然而，世事總難如此美好。不是取了熊掌，顧不了魚兒；就是擁有了，恐怕自己也無福消受。當所獲得的多於所需求的，取捨之間都是煩惱。因此，如何抉擇，反而才是決定幸福與否的關鍵。

　　衝動決定，常會讓自己後悔莫及。

　　等待奇蹟、依賴他人，則只能解決暫時的問題，問題仍然存在。累積的決定壓力，會讓自己更感到焦慮不安、張惶失措，於是也更進退失據、猶豫不決。而猶豫不決又對自己造成莫大的壓力，只好等待神蹟、依賴上帝。

　　其實，當面臨選擇時，眼前的任何選項必然有得有失、有優有缺（優缺差距過於懸殊，就不需要選擇了）。若能理智地認清世事皆無十全十美的事實，只須權衡輕重得失，當能漸增自己理性決定的功力，逐漸培養出理性決定的風格。

　　你不妨先行自我評估一下：

你做決定時，通常是屬於哪一型？
對於日常生活瑣事的決定風格，是否不同於重大事件的決定風格？
為什麼會有所不同？
你滿意自己的決定風格嗎？如果不滿意，你會希望如何改變呢？
就讓我們一起來探索你的決定風格！

活動2.16—決定的難題

單元目標：瞭解面對選擇時自己所作的決定。

活動內容：

* 下列是日常生活中可能會遭遇的選擇，請在每一組所提供的兩個選項間勾選出你比較喜愛的項目，在後面的空格上打「∨」。

* 請在每一待選主題的最後空欄中填入指示的字母之一：「E」表示容易做的選擇，「D」表示困難做的選擇。

* 注意那些有「E」記號的答案，並且解釋為何那些答案對你而言容易做決定？

* 注意那些有「D」記號的答案，並且解釋為何那些答案對你而言難以做決定。

* 當面對一個選擇時，你是如何決定該做什麼的？

* 以六人小組彼此分享，並推派一位歸納本組分享的內容，在團體中報告。

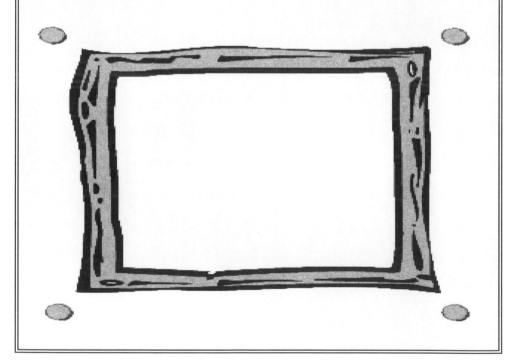

主題	選項A		選項B		E／D
早餐	火腿／蛋		麥片粥／土司		
晚餐	豬排		乳酪蛋捲		
旅行	火車		遊覽車		
顏色	綠色		藍色		
運動	網球		棒球		
甜點	巧克力		薄荷糖		
休閒	溜冰		迪斯可		
鞋子	馬靴		短靴		
音樂	古典音樂		搖滾樂		
電影	鐵達尼號		不可能的任務		
度假	巴里島		新加坡		
放學後	學術課程		職業訓練		
畢業後	升學		就業		
汽車	雷諾		福特		
住所	獨棟房子		公寓		
投資	基金		活期存款		
理財	支票		信用卡		
酒	白葡萄酒		紅葡萄酒		
政治	總統制		內閣制		
交友					
婚姻					
職業					

活動2.17—選擇的藝術

單元目標：學習做出理性的決定。

活動內容：

＊請先閱讀下面的「劇情」——

時間：最近的未來——2020

地點：海圖上未載明的島嶼

情況：有一架飛機墜落在這個島嶼上，僅知僥倖

存活的旅客中有下列八個人

● 一位諾貝爾和平獎得主

● 一位社會學家

● 一位懷孕八個月的婦女

● 一位總統（政治家）

● 一位醫生

● 一位神父（或牧師）

● 一位詩人

● 一位核子物理學家

任務一：

　　如果你是一架小飛機的駕駛，正好發現了這些倖存者。但是你只能載一個乘客，只有幾秒鐘讓你做決定，你要選哪一個？

任務二：

　　再讀一次劇情，這一次你的任務是將你認為社會最需要的人載離這個島嶼。你會載走誰？

任務三：

　　現在你的任務是決定那八個人要留在這個島上建立一個嶄新的社會。這一群中不需要包含哪一個人？

＊在任務一中，你選了孕婦嗎？

　如果「是」，你的理由是什麼？

＊很可能你和大多數的人一樣，做了相同的選擇——載走那位懷孕八個月的婦女。這個決定 可以稱為「情感的」決定。你想為什麼會這樣？

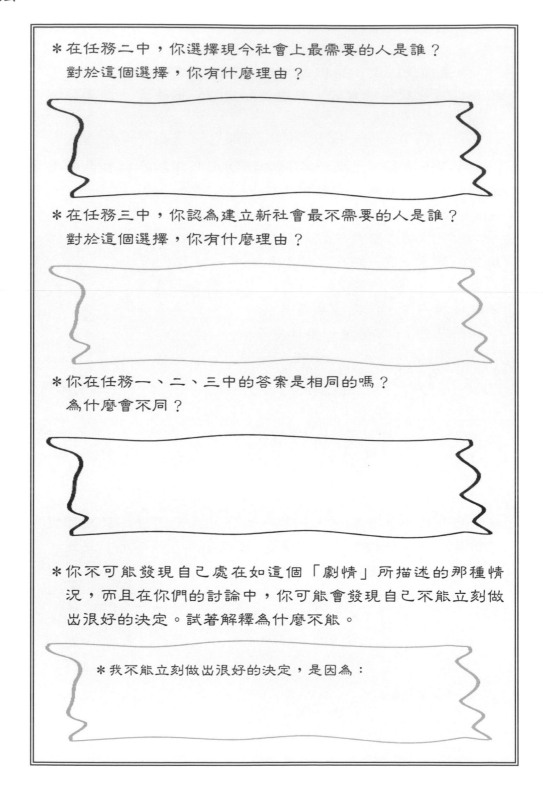

* 在任務二中，你選擇現今社會上最需要的人是誰？
  對於這個選擇，你有什麼理由？

* 在任務三中，你認為建立新社會最不需要的人是誰？
  對於這個選擇，你有什麼理由？

* 你在任務一、二、三中的答案是相同的嗎？
  為什麼會不同？

* 你不可能發現自己處在如這個「劇情」所描述的那種情
  況，而且在你們的討論中，你可能會發現自己不能立刻做
  出很好的決定。試著解釋為什麼不能。

  * 我不能立刻做出很好的決定，是因為：

＊你對這個問題的答案應該會幫助你確認做決定過程的一個重要部分。考慮下列的議題：

● 你被要求決定什麼？

● 你有什麼選擇？

＊這裡還有一些線索可以幫助你做決定：

● 哪一科醫生？　什麼樣的醫生？

● 它是哪一種島嶼？　金銀島？

● 島上還有沒有其他人？　野人？

＊你還需要知道什麼「劇情」中沒有提到的事？

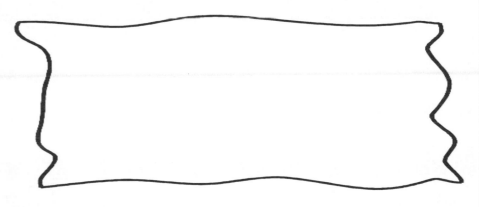

＊你認為做出一個理性決定的過程中，最基本的要素是什麼？

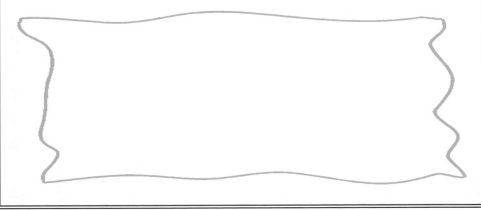

活動2.18─決定的風格

單元目標：了解自己做決定的風格。

活動單元：

＊以下所列的各項陳述句，是一般人在處理日常事務及生涯
決定時的態度、習慣及行為方式。

＊請評量每一陳述句與你實際情形的符合程度。

符合/不符合

01.	我常匆促做草率的判斷。	☐	☐	★
02.	我常憑一時衝動行事。	☐	☐	★
03.	我經常改變我所做的決定。	☐	☐	★
04.	做決定之前，我從未做任何準備，也未分析可能的結果。	☐	☐	★
05.	我常不經慎重思考就做決定。	☐	☐	★
06.	我喜歡憑直覺做事。	☐	☐	★
07.	我做事時不喜歡自己出主意。	☐	☐	●
08.	做事時我喜歡有人在旁邊，以隨時商量。	☐	☐	●
09.	發現別人的看法與我不同，我便不知該怎麼辦。	☐	☐	●
10.	我很容易受別人意見的影響。	☐	☐	●
11.	在父母、師長或親友催促我做決定之前，我並不打算做任何決定。	☐	☐	●
12.	我常讓父母、師長或親友來為我做決定。	☐	☐	●
13.	碰到難做決定的事情，我就把它擺在一邊	☐	☐	▲
14.	遇到需要做決定時，我就緊張不安。	☐	☐	▲
15.	我做事總是東想西想，下不了決心。	☐	☐	▲
16.	我覺得做決定是一件痛苦的事。	☐	☐	▲

符合/不符合

17.	為了避免做決定的痛苦，我現在並不想做決定。	☐	☐	▲
18.	我處理事情經常會猶豫不決。	☐	☐	▲
19.	我會多方蒐集做決定所必須的一些個人及環境的資料。	☐	☐	■
20.	我會將蒐集到的資料加以比較分析，列出選擇的方案。	☐	☐	■
21.	我會權衡各項可選擇方案的利弊得失，判斷出此時此地最好的選擇。	☐	☐	■
22.	我會參考其他人的意見，再斟酌自己的情況來做出最適合自己的決定。	☐	☐	■
23.	經過深思熟慮之後，我會明確決定一項最佳的方案。	☐	☐	■
24.	當已經決定了所選擇的方案，我會展開必要的準備行動，並全力以赴做好它。	☐	☐	■

★ 衝動直覺型
● 依賴型
▲ 逃避猶豫型
■ 理性型

根據生涯研究學者赫倫（Harren,1974）的觀察，大部分人的決定風格可歸納為理性型、直覺型、依賴型等三類。「理性型」（rational）通常會有系統地蒐集充分的生涯相關資訊，且邏輯地檢視各個可能選項的利弊得失，以做成最滿意的決定。「直覺型」（intuitive）通常較關注個人在特定情境中的情緒感受，做決定全憑感覺，較為衝動，很少能有系統地蒐集相關資訊。「依賴型」（dependent）傾向於等待或依賴他人為他蒐集資訊且做決定，較為被動而順從，亟需獲得他人的讚許，對自己的決定能力和結果缺乏信心。

也許你發現你在活動2.15中所做的決定，是完全訴諸情感的衝動性決定，因為在那麼短時間之內，你並未仔細考慮其他各項相關的線索和條件，所以衝動性的決定也常常不能作為解決問題的有效策略。

而「取得資訊」和「蒐集事實」是理性決定過程中的基本要素，當面臨必須做出決定的任務時，我們需要先蒐集充分的資訊，包括情境、條件、對象、結果等，始能做出較為理性而明智的決定。當考慮的條件或情境改變時，所做出的決定也會有所不同；考慮各項條件或情境的理性決定之結果，也必然不同於未充分考慮任何條件或情境之下的衝動性決定。

理性決定，即是慎思、明辨、篤行的決定。仔細思考分析各個選項的優缺得失，辨認出對自己最具有重要性的優點，選擇擁有該項優點最大比例的選項，並接納該選項可能會有的缺失，最後堅持不懈地付諸行動。

第三章

工作與職業認識

學 習 目 標

★ 了解工作的意義和功能。

★ 了解職業的意義和現況。

★ 了解工作世界的內涵和類型。

★ 探索教育與職業資訊蒐集的管道和
  方法。

★ 探討各行各業應遵守的職業道德。

第一節 工作的意義

　　當你決定不再升學，很快就會面臨就業的選擇；但不論將來是升學或就業？就業幾乎是人人必經的生涯歷程。對個人而言，職業不只換取報酬，更促使個人的社會生存、生活與自我提昇。通過職業的實踐，可以達成「維持生活」、「安全保障」、「社會服務」與「自我實現」等不同層次的目標。

　　由於在人們的生涯歷程中，「工作」盤據了相當漫長的時光，許多心理學家即認為「工作」是人生的重要核心，能達成經濟的、社會的和心理的等多重層面的目的。

1.經濟性目的

　　工作是人們經濟收入的主要來源，靠著工作，人們可以有金錢收入，來購買生活上所必需的貨物或勞務，得以維繫人們的生存。對整個社會而言，經由工作而得到的產品或服務，也是維持社會經濟發展的基石。

2.社會性目的

　　工作可以提供和他人相處與溝通的機會，且賦予自己被他人所認識的社會角色。工作上的成功與失敗，會提高或降低個人在社會上的身分地位。換句話說，一個人在社會中的生活方式、身分地位，甚至被愛與歸屬感...等均可由工作來決定或得到滿足。

3.心理性目的

　　從心理層面來分析，工作也經常是一個人探察自我成就的指標。在工作中，個人可以發揮聰明才智，還可以配合個人興趣，滿足自己多方面的心理需求，實現個人的理想，對自己這一生感到滿意。換句話說，工作不僅滿足個人的生活需求，藉著工作，還可以讓個人覺得自己被肯定，建立起高度的自我肯定感，促進個人的身心健康，並感到快樂滿意。

工作所能達成的目的，相當程度反映了心理學家馬斯洛（Albert Maslow,1954）的心理需求階層理論，意即生存需求、安全需求、愛與歸屬需求、尊重需求、及自我實現需求（見圖3.1）。經濟層面的工作目的，直接地滿足了個人的生存和安全需求。社會層面的工作目的，所滿足的是個人對他人關愛、肯定和團體歸屬感的期待，達成與否的程度取決於他人的評價。心理層面的工作目的，是為了達成個人的自我肯定和自我實現，超脫了經濟「利」益和社會「名」望，只為了讓自己對自己這個人、這一生感到滿意，只為了「自在快樂」、「此生無憾」！

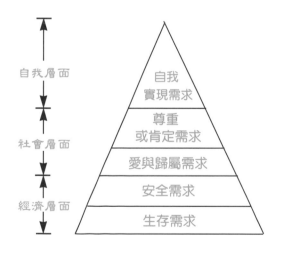

圖3.1 Maslow心理需求階層論

第二節 工作世界認識

　　俗話說「三百六十行」，浩瀚的工作世界包羅萬象，各類不同的行業有不同的工作內容和工作方式；即使是同一類職業中，也因工作層次與責任的高低之分，使得所要求的條件資格有甚大的差異。因此我們在瞭解自己之後，也須著手探索工作世界的內涵和分類系統。

　　有關工作世界的認識，一般而言包括三個層面：(1)職業分類系統，以某種分類系統歸納千萬種職業，(2) 資訊的類型，如對職業的描述、工作條件、或薪水等，以及 (3) 職業所要求的特質和條件。

　　現在，就讓我們一同來進行職業和工作世界的探索。

　　行政院勞工委員會職業訓練局的「行職業展望」中，「行業」一詞係指經濟活動部門之種類，非個人所從事的工作；「職業」是指個人所擔任的職務或工作。每一類行業有一定主要經濟活動，但因分工關係，往往需要各種不同職業工作人員，而同一種職業之工作人員，亦常分布於各種不同行業中。例如工、商、農林漁牧、公教、軍警等是「行業」，而「會計師」或「會計人員」的「職業」則可能分佈於各種不同的行業中。

　　勞工委員會職業訓練局的「職業簡介」中則提供兩種職業分類方式，以利搜尋工作者進行職業之檢索。一為「通俗分類」，則依國人所熟悉且通用的原則分類。一為「標準分類」，係按個人從事之有酬工作，將其性質相似或相近者分別歸類，並作有系統之排列，其分類的準則有四點：(1) 在職務上所負之責任，(2) 專業知識、技術及資歷，(3) 生產之物品或提供勞務之種類，(4) 工作環境、工作程序或使用之原料（見表3.1）。

表3.1 我國勞委會職訓局之職業分類系統

標準分類		通俗分類	
民意代表及行政主管 專業人員 技術及專業助理人員 事務工作人員 服務工作人員及 售貨員	農林漁牧工作人員 技術工及有關工作 人員 機械設備操作工及 組裝工 非技術及體力工 其他	工業類 農林業 醫護保健 自然科學 服務	海事水產 文學藝術 法律政治經濟 教育及社會工作 其他

　　勞工委員會為配合社會職業需求，提供社會人才需求資訊，在人力資源資訊網上列出31個熱門行業的相關資訊提供查詢（見表3.2）。

表3.2 熱門行業

資訊工程師	電器修護工
電力儀表裝修工	車床操作工
直銷員	汽車檢驗工
冷凍空調設備裝修工	電機電子變備生產監工及領班
電信網路工程	保險經紀人
報關員	廣告寫員
會計員	旅館接待員
職業大客車駕駛員	餐廳經理
行銷部門經理	工地測量員
人力仲介師	攝影記者
建築工程監工員	證券經紀人
材料帳冊管理員	室內設計師
倉庫管理員	貨品物料檢驗員
圖書管理佐理員	保全人員
維護電工	車輛板金工
美容師	

　　由美國學院測驗計畫（American College Testing Program,ACT）於1985年所發展出來的「工作世界地圖」（World-of-Work Map），近年來普遍被應用於生涯選擇的輔導工作中。其分類的雙主軸是「資料–思維」和「事物–人群」，由此區分出四個主要的分類象限，歸納十二個工作組群（圖3.2）：

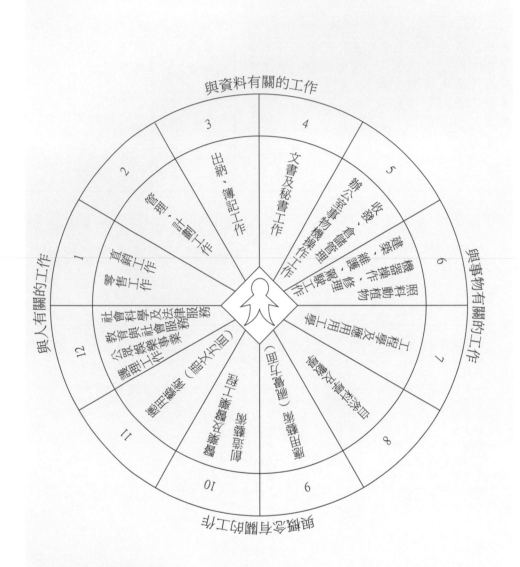

圖3.2　工作世界地圖

資料來源：American College Testing Program(1995)

在以「人境適配」（person-environment fit）為重點的生涯選擇理論中，何倫（John Holland）則將職業環境如同人格特質一般，也歸類為六大類型：

這六種由個人和環境相對應所形成的職業分類系統，包含六個較廣泛的職業區域（見附錄三）：

實際型職業（R）

包括手工操作、技術性與服務性的職業。例如，機械、電子、土木建築、農林漁牧等。

研究型職業（I）

包括科學技術和科學研究的職業。例如，生物、化學、醫藥、數學、天文等。

藝術型職業（A）

包括藝術與文學的職業。例如，音樂、繪畫、設計、寫作、戲劇、舞蹈等。

社會型職業（S）

包括教育和社會福利的職業。例如，教師、輔導諮商、社會服務、醫護等。

企業型職業（E）

包括管理與銷售的職業。例如，企業、貿易、行銷、法律、政治等。

傳統型職業（C）

包括辦公室和行政雇員的職業。例如，銀行、金融、會計、庶務、祕書等。

而羅氏（Anne Roe, 1984）則試圖依照工作的責任、能力及所需的技術層級，分成高級專業及管理、一般專業及管理、辦專業及低度管理、技術、半技術、非技術等六個層次；並將職業依照興趣分類成八個組群：服務、商業、行政組織、技術、戶外活動、科學、文化、藝術等（見表3.3）。

表3.3 Roe職業分類系統

	I 服務	II 商業交易	III 商業組織	IV 技術	V 戶外	VI 科學	VII 文化	VIII 娛樂
1.專業及管理（高級）	社會科學家 心理治療師 社會工作督導	公司業務主管	董事長 商會 企業家	發明家 工程研究	礦產研究	醫師 自然科學家	法官 大學教授	指揮家 藝術教授
2.專業及管理（一般）	社會行政人員 典獄長 社工人員	人事經理 業務經理	銀行家 證券商 會計師	飛行員 工程師 廠長	動植物學家 地理學家 石油工程師	藥劑師 獸醫	書記官 新聞記者 教師	建築師 藝術評論家
3.半專業	社會福利人員 護士 巡官	行銷人員 批發商 經銷商	會計員 郵務人員 秘書	營造商 機師	農場主人 森林巡視員	醫事技術員 氣象員 物理治療員	圖書館員 編輯 播音員	廣告設計師 室內裝潢師 攝影師
4.技術	士官長 廚師 領班 警察	拍賣員 巡迴推銷員	資料處理員 電報員 速記員	鎖匠 木匠 水電工	礦工 油井鑽探工	技術助理	行政職員	演藝人員 櫥窗裝潢員
5.半技術	司機 廚工 消防員	小販 售票員	出納 郵差 打字員	學徒 卡車司機 機械操作員	園丁 佃農 礦工助手		圖書館管理員	模特兒 廣告描製員
6.非技術	清潔工 守衛 侍者	送報生	小弟 工友	助手 雜役	伐木工人 農場工人	非技術性助手	謄稿件工友	舞臺管理員

資料來源：Roe & Lunneborg（1984）；林幸台（1987）

活動3.1─大家來說職業

單元目標：能夠瞭解職業的意義。

活動內容：

* 以某些特定民生必需品（如麵包、衣服、房屋、汽車）為例，請各組同學列舉出一系列和該民生必需品有關的工作或職業。

* 請各組試著將各項工作或職業納入美國學院測驗計畫以四象限所發展的12個工作組群及羅氏的職業組群中。

活動3.2─職業興趣類組

單元目標：透過「興趣量表」的施測結果，瞭解自己的職業興趣類組。

活動內容：

* 全班施測大學入學考試中心「興趣量表」，並參考「興趣量表結果說明書」。

* 使用「學類代碼分類表」，找出與你的「興趣代碼」相同或接近的科系。

* 找出興趣扇形區域內所包括的學類或科系，即是你的興趣範圍。

* 請在下圖中將你的興趣學類或科系標示出來。

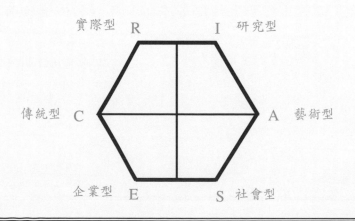

91

活動3.3—職業性別角色面面觀

單元目標：引導學生思考性別角色刻板化印象如何影響個人
對於職業與工作世界的瞭解和選擇。

活動內容：

* 男生組和女生組分別嘗試從一堆過期的雜誌或報紙，找出
一些「男生能做和不能做」及「女生能做和不能做」的工
作或職業。

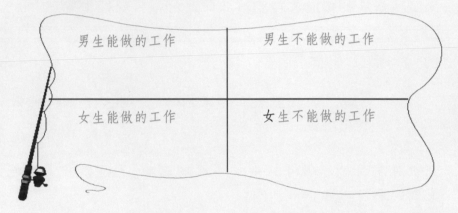

男生能做的工作	男生不能做的工作
女生能做的工作	女生不能做的工作

* 嘗試再次從雜誌或報紙中找尋能打破傳統男性/女性職業
角色的圖片，例如男護士、女醫師、男秘書、女卡車司機
等。

* 分組討論並比較男生和女生二組對男性/女性職業性別角
色看法的異同。

* 討論職業性別角色印象如何形成，及其如何影響職業的選
擇。

	男性職業性別角色	女性職業性別角色
男生的看法		
女生的看法		

第三節 教育與職業資訊

蒐集教育與職業資訊的管道很多，可約略區分為靜態的閱讀和動態的參與兩大類。就四技二專的科系介紹而言，下列是可獲得相關資訊的來源：

一、透過靜態的閱讀，吸收資訊。例如：

1. 查詢四技二專科系的書面簡介及網路資料，瞭解科系性質、出路與發展。
2. 觀賞有關四技二專科系介紹的幻燈片或錄影帶。
3. 參觀或透過網際網路瀏覽技職校院博覽會。
4. 參閱報章雜誌對未來行職業發展趨勢的報導。

二、透過動態參與，增加個人的經驗。例如：

1. 參加學校舉辦的生涯團體輔導。
2. 參加畢業校友返校座談會。
3. 實地參觀四技二專相關科系。
4. 參加各科系所舉辦的實戰營隊。
5. 訪問各科系的教師或學生。

就未來準備就業的職業資料而言，在靜態閱讀方面，包括參閱有關職業輔導的出版品（如職訓局或青輔會所出版的職業簡介），留意報章、雜誌有關職業之訊息，收看電視或視聽媒體有關職業介紹之節目，查詢網路就業資訊系統等；在動態參與方面，則包括參加就業博覽會，參加職業講座，訪問師長或父母、親友、鄰居、學長等，實地訪問從事該項職業的人，實地參觀工作現場，向職業輔導專業機構諮詢等。

在政府所出版的職業簡介中，通常都會列舉每一種職業的工作內容、工作環境、工作時間及待遇、所需資格條件等，以使讀

者能對該職業獲得初步的瞭解。例如，我國行政院勞委會職業訓練局所出版的「職業簡介」中，列舉了各項職業的簡介，包括了下列內容：概說、工作環境、工作時間及待遇、所需資格條件、教育與訓練、未來展望等。

如果一個求職者知道要作為一個法官，除了要學習法律之外，還要寫判例，他就可以問自己是不是真有興趣從事這些法官所必要的活動。此外，求職者也可以從這些職業資源中找到職業所要求具備的資格和教育程度，據以評估自己是不是已具備了足夠的能力來從事這項工作。而有關工作狀況的資訊，可以使求職者評估自己的人格特質和價值觀是不是能對相關的工作狀況感到滿意。例如，一個在平日生活中要求秩序和整潔的人，會覺得工廠工作相當骯髒、凌亂不堪，因此避而遠之。看重經濟報酬的人和看重經濟安全的人，可能會因其不同的價值觀而出現不同的職業選擇。

為了瞭解國內就業市場的一般狀況，認識國內企業概況、需才情形、待遇、福利，及生涯發展，並確認這些職業是否符合個人生涯發展需要，下述資料也均有參閱運用的價值：政府中華民國行業標準分類、中華民國職業分類典、行職業展望、職業簡介資料彙編、職業資料專輯（學校輔導室、就業組或各地就業輔導單位可查詢）。

如果你很希望能知道某一項看起來很吸引人的職業，究竟在做些什麼？如何工作？你可以試著用下列方法：書面資料、網路資源、機構參觀、生涯訪談和實際接觸，去獲得你想要的資訊。

活動3.4—職業萬花筒

單元目標：瞭解取得職業資訊的來源。

活動內容：

＊行政院勞委會職訓局所出版的「職業簡介」，有系統地提供了有關工作世界的重要資訊來源，你可以在職訓局的網站或學校的輔導室取得該項重要資源。

＊請你進入電腦網路搜尋內政部勞工委員會職業訓練局（http://evta.gov.tw），找到「行職業資訊研發成果專輯」。

＊請找出「職業」的標準分類與通俗分類。

＊請從「職業簡介」的標準分類中查詢一項你所感興趣的職業，並仔細閱讀。

＊依「概說、工作環境、工作時間及待遇、所需資格條件、教育與訓練、未來展望」寫成報告。

＊以六人小組分享討論網路查詢的經驗與心得。

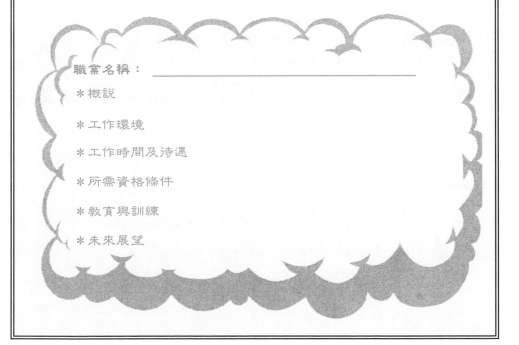

職業名稱：＿＿＿＿＿＿＿＿＿＿＿＿＿＿＿＿＿＿＿＿＿＿

＊概說

＊工作環境

＊工作時間及待遇

＊所需資格條件

＊教育與訓練

＊未來展望

　　翻開報紙的求才、求職廣告欄，各式各樣的大小廣告簡直令人眼花撩亂，不知該從何搜尋能真正適合自己的職業。假設你目前服務於民間的職業仲介所，你會如何幫求職的人找尋工作呢？

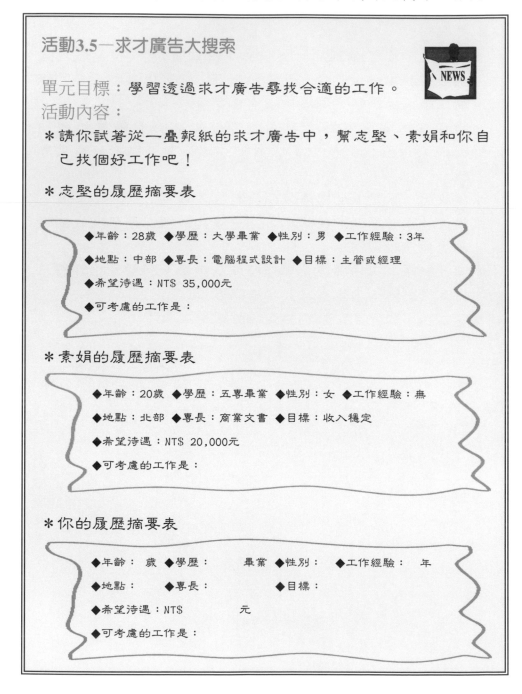

活動3.5－求才廣告大搜索

單元目標：學習透過求才廣告尋找合適的工作。

活動內容：

*　請你試著從一疊報紙的求才廣告中，幫志堅、素娟和你自己找個好工作吧！

*　志堅的履歷摘要表

◆年齡：28歲　◆學歷：大學畢業　◆性別：男　◆工作經驗：3年

◆地點：中部　◆專長：電腦程式設計　◆目標：主管或經理

◆希望待遇：NT$ 35,000元

◆可考慮的工作是：

*　素娟的履歷摘要表

◆年齡：20歲　◆學歷：五專畢業　◆性別：女　◆工作經驗：無

◆地點：北部　◆專長：商業文書　◆目標：收入穩定

◆希望待遇：NT$ 20,000元

◆可考慮的工作是：

*　你的履歷摘要表

◆年齡：　歲　◆學歷：　　畢業　◆性別：　◆工作經驗：　年

◆地點：　　◆專長：　　　目標：

◆希望待遇：NT$　　元

◆可考慮的工作是：

現代社會中電腦科技高度發達，網路溝通已無遠弗屆，各類資訊在網路社會中的交流相當頻繁而密切。因此，你所需要的職業資訊，還可以從網際網路上來搜尋。

活動3.6─人力資源資訊網路搜尋

單元目標：學習透過電腦網路尋找合適的工作。

活動內容：

* 進入http://www.cla.gov.tw/jms/hrnet.htm 後，你會看到「人力資源資訊網」。

* 先進入「自我探索─我喜歡做的事」，幫助你找出你的職業目標。

* 點選「職業條件」，從心儀的工作場所、避免的工作時間、避免的工作環境、工作所需的教育程度、興趣包含那些範圍、要求待遇範圍及職業價值等七個條件中點選。

* 網路將幫你過濾出適當的職業。你可以「查詢職業」還可看到31種「熱門行業」，瞭解其中的工作內容或任務及其他可用於評估職業的相關資訊。

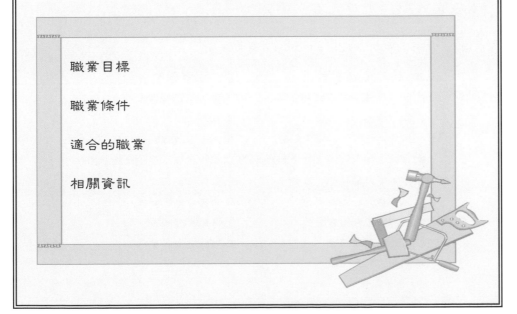

職業目標

職業條件

適合的職業

相關資訊

　　一旦你充分地閱讀了有關職業的書面敘述之後，即須找一至數位從事該職業的資深工作者談談，一方面可印證所蒐集職業資訊的可靠性和有效性，二方面可更深入瞭解工作者本身從事該項職業的生涯抉擇和甘苦經驗，以作為審視自身是否投入該項職業的重要參考。如人物訪談地點為其工作場所，可實際觀察其工作情形、應對進退等，以評估自己對該類工作的喜好或適合程度。生涯人物訪談是蒐集職業資訊不可或缺的重要方法。

活動3.7—生涯人物專訪

單元目標：訪問資深工作者，學習蒐集職業資訊的方法。

活動內容：

＊請透過朋友介紹或自己毛遂自薦，安排一位從事你所感興趣職業的資深工作者或至少三年以上工作經驗者。

＊很禮貌地告訴他，由於你對該項職業甚感興趣，希望能更進一步瞭解相關資訊，以及他從事該職業的心得和經驗。

＊請他安排半個小時至一個小時的時間空檔，以讓你到他工作場所拜訪他。

＊在正式訪問之前，你需要列出一張訪談問題清單：

＊ 職業資訊方面	＊ 生涯經驗方面
1.工作性質、任務或內容	1.教育或訓練背景
2.工作環境、就業地點	2.投入該職業的抉擇
3.所需之教育、訓練或經驗	3.生涯發展歷程
4.所需之個人資格、技巧和能力	4.工作經驗心得：樂趣和困難
5.收入或薪資範圍、福利	5.對工作的看法
6.工作時間和生活型態	6.獲得成功的條件
7.相關職業和就業機會	7.未來生涯規劃
8.進修和升遷機會	8.對後進者的建議
9.組織文化和規範	
10.未來展望	

活動3.8—生涯人物專訪報告

單元目標：透過人物專訪報告，分享和交流所蒐集
到的職業資訊。

活動內容：

＊請將你的生涯人物訪談經過、所蒐集資料和心得，整理撰
寫成「生涯人物專訪報告」。

＊請和你的同學們一起分享你們各自的收穫和心得。

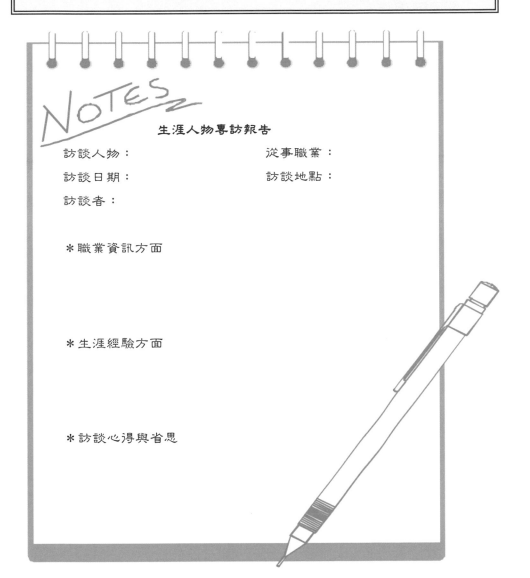

NOTES

生涯人物專訪報告

訪談人物：　　　　　　　從事職業：

訪談日期：　　　　　　　訪談地點：

訪談者：

＊職業資訊方面

＊生涯經驗方面

＊訪談心得與省思

活動3.9—與工作世界實際接觸

單元目標：瞭解職業的性質與實際工作情況。

活動內容：

＊閱讀有關某一職業的簡介說明、和從事該職業的資深工作
者請益，是蒐集生涯相關資訊的兩個重要途逕。但是若想
要更明確地瞭解某項職業的實際工作情況，為自己安排一
些實地參訪、實習或打工的工作經驗，是投入該職業的基
本預備動作。

＊找個時間，開始行動。

＊請和你的同學們一起分享你們各自的收穫和心得。

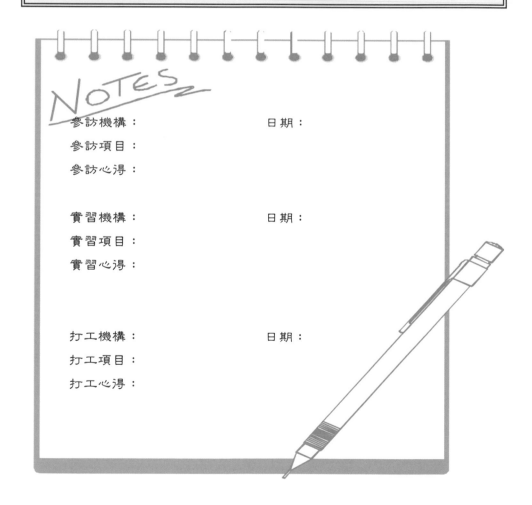

NOTES

參訪機構：　　　　　　　　　日期：

參訪項目：

參訪心得：

實習機構：　　　　　　　　　日期：

實習項目：

實習心得：

打工機構：　　　　　　　　　日期：

打工項目：

打工心得：

最後，面對著五花八門的工作世界，包羅萬象的職業類別，你還需要依據一些方法來評估職業的各個層面或工作性質是否符合你的需要？或是，你的各方面特質條件是否符合該職業的需要？P.L.A.C.E.通常可以用來作為評估職業的指標（引自黃惠惠，1995）。

　　P：指職位或職務（Position），包括該職位的經常性任務、
　　　　所需擔負的責任、工作層次等。
　　L：指工作地點（Location），包括地理位置、環境狀況、室
　　　　內或戶外、都市或鄉村、工作地點的變化、安全性等。
　　A：指升遷狀況（Advancement），包括工作的升遷管道、升遷
　　　　速度、工作穩定性、工作保障等。
　　C：指雇用情形（Condition of employment），包括薪水、
　　　　福利、進修機會、工作時間、休假及特殊雇用規定等。
　　E：指雇用條件（Entry requirements），包括所需的教育程
　　　　度、證照、訓練、經驗、能力、人格特質......等條件。

活動3.10─評估職業的指標

單元目標：學習以P.L.A.C.E.來評估職業的適合度。

活動內容：

＊以某一項吸引你的職業為例，試著評估該項職業的各個層
　面。

＊請將評估結果填寫在下表中。

＊如果你並不十分清楚職業的這些層面，顯然你需要投入更
　多心力，從多元管道去探索。

職業名稱：＿＿＿＿＿＿＿＿＿＿＿＿＿＿＿＿＿＿＿＿＿

工作職務

工作地點

升遷狀況

雇用情形

雇用條件

　　綜合而言，當我們要尋找外來可能從事的職業時，我們應該要蒐集一些和職業相關的資訊，以幫助我們做明智的判斷和抉擇。這些職業資訊應該要包括：

1. 資格限制：包括年齡、性別、學經歷、資格或職業證照的要求等。有時候，因為工作性質的不同也會有一些特殊的要求，例如技術士執照。

2. 職業性質與工作條件：從事一個工作之前，一定要先了解這個工作的性質和條件、工作的職責和內容，以及應有的行為表現等等。

3. 求職方式：大部分的求職方式係以考試居多，有些是筆試，有些須面試。了解各種考試的要求，才能預先做好適當的準備。

4. 待遇與福利：準備要求職者，也必須瞭解一個職業所能提供的薪水範圍、調薪方式、獎勵制度、福利金和退休金，以及休假方式等。

5. 工作環境：求職者也需要留意工作環境中的整齊清潔、環境維護與舒適程度等，瞭解可能發生噪音、污染與職業病的危機程度。

6. 升遷與發展：在求職之前也須評估自己的能力和公司所能提供的發展目標與升遷方式，以妥善為自己做好未來的生涯規劃。

第四節 職業道德

　　社會中的各行各業，多有規範其從業人員之適當職業行為的「職業道德」（occupational ethics）。職業道德是從事一定職業的人們在特定工作或勞動中的行為規範，是一種社會道德在職業生活中的特殊表現。因此，不同職業的勞動者，均有其不同的道德要求。例如，「護理道德」即是護理人員在醫療體系中如何和病患、醫務人員、其他社會人士等建立關係的倫理準則，以及如何操作護理行動始能為病患謀最大福利的行為準則。資訊操作人員的道德守則，應會規範處理客戶資訊時的保密義務，以及不損害客戶的權益。而社會工作人員的職業道德除了「保密」之外，更要以保護案主和相關人員不受到身心傷害為最高的行為準則。

　　近年來，由於網路犯罪甚為猖獗，美國媒體曾經報導一則新聞，有一位電視台的女記者在挖掘新聞的壓力之下，假扮十三歲的少女，經過四個月在網路聊天室中和一位六十歲的老色狼頻繁交流，終於使這位身為精神醫師的戀童癖老色狼自投羅網，並被預先埋伏的警察一舉成擒。事後，人們除了對這位老色狼如何栽在女記者手中感到一陣興趣之外，更多的輿論則是針對記者為了製造新聞不惜偽裝身份、成為誘餌，並與警方聯手「釣魚」的作法，是否有悖新聞從業人員的職業道德，提出了嚴肅的質疑和批判。

　　你不妨思考一下，在這個新聞事件中所涉及的記者、精神醫師和警察，各自違反了哪些職業道德呢？

活動3.11─新聞事件中的職業道德

單元目標：探討上述新聞事件中，記者、精神醫師、警察等
　　　　　從業人員所應遵守的職業道德。

活動內容：

＊仔細思考本節前文中所敘述的發生於美國的新聞事件，想
　想看在這個新聞事件中所涉及的記者、精神醫師和警察，
　各自違反了哪些職業道德呢？

＊以六人小組討論彼此的想法，並列舉出各個職業所應遵守
　的職業道德。

那麼，在你感興趣的一個職業或工作領域中，工作者要如何
表現其職業行為才是適當且合於職業道德的呢？

活動3.12─戲說職業道德

單元目標：探討各行各業從業人員所應遵守的職業道德。
活動內容：

＊想想看在你所就讀或感興趣的職業中是否也有一些可能違
　反職業道德的情況或案例，在小組中討論這些情況或案
　例。

＊每一小組各找出一個案例來撰寫劇本，並演出行動劇。

＊和班上其他同學討論如何表現適當的職業行為，並列舉出
　該職業可能要求其從事人員具備的職業道德。

＊當發現有人違反職業道德時，該如何處理？

此外，無論是各行各業，都會希望工作者能恪遵「誠實守信」、「認真負責」、「互助合作」、「敬業樂群」、「守禮有節」、「知所進退」、「知法守法」等共通的職業道德。

1.誠實守信：對人誠實不虛假，對自己所說的話或做出的承諾要守信用。

2.認真負責：在工作上認真努力地表現，對自己應該完成的任務負責盡職地執行。

3.互助合作：當工作上需要和同事一起完成時，能彼此互相幫助，共同協調合作。

4.敬業樂群：和同事建立和諧良好的關係、彼此關懷、相互尊重，不批評和勾心鬥角，一同為組織機構盡心盡力。

5.守禮有節：對上司、部屬和客戶均能待之以禮，應對得宜，令人留下良好印象。

6.知所進退：上下班時間不遲到不早退，且善用每一天的時間管理，在預定期限之內完成任務，並力求最佳的績效表現等。

7.知法守法：現代法治社會中的工作者，更應該明白各項和財經事務相關的法律規定，謹言慎行，避免因誤蹈法網而後悔莫及。

一位能謹遵各行各業所規範之職業道德的工作者，必將是擁有優異表現的工作者，同時也是一位處處受人歡迎的工作者，更能為自己創造滿意的職業生涯。

第四章

生涯選擇與決定

學 習 目 標

★ 了解生涯抉擇的意義和要素。
★ 了解生涯決定的歷程和步驟。
★ 培養生涯決定的能力，設定理想
　生涯目標。

第一節 生涯抉擇的意義

　　有人說，人生是一連串選擇的結果，在瞭解自己、認識工作世界，且和重要他人充分溝通之後，將所有相關的、多元層面的資訊統合起來，我們就需要作一個決定，以便能確定自己生涯規劃的目標與方向。因此，「生涯抉擇」(making career choice)就是我們在面臨各種不同的生涯選擇時，經過思考、評量分析而做成的「生涯決定」(career decision)。

　　生涯選擇與決定歷程的成功關鍵，在於「博學、審問、慎思、明辨、篤行」。「博學」是指當面對生涯選擇的議題時，要先能廣博地學習、瞭解並充分掌握各方面的資訊。「審問」指的是在蒐集資訊的過程中，需仔細地詳查並多方地探問，以掌握真確有用的資訊。「慎思」是指當資訊蒐集齊全且能充分掌握之後，即必須對多元化的資訊進行謹慎地思辯，分析利弊得失。在「叩其兩端而竭焉」權衡出輕重之後，即須「明辨」—做出明確的選擇和決定。最後則堅定地「篤行」歷經謹慎思考判斷之後的決定，絕不輕言放棄或半途而廢。

　　然而，實際上並不是每個人都可以成功地做成決定。臨事猶豫不決、躊躇不安的例子比比皆是。如果一個人思慮過度周密，反覆不斷地來回考慮各個可能的選項，他很可能會遭遇無法做出決定的難題。尤其當多元層面的資訊或想法之間彼此矛盾牴觸時，更會讓猶豫不決的人感到非常焦慮惶恐，無法從中確立真正的目標或做出有效的決定。

　　面對生涯選擇我們需要將所有資訊、想法逐一加以評量分析，同時會不斷思考、不停的問—

- 我可以做什麼？：瞭解自己所處的環境中的機會與挑戰。
- 我能夠做什麼？：瞭解自己的優點、長處、能力與限制。
- 我想要做什麼？：瞭解自己的價值觀與興趣。
- 我應該做什麼？：瞭解社會價值、家人朋友期望與生涯策略的關係。

透過「機會—能力—價值」思考模式（引自黃惠惠，1995），我們才能清楚完整的瞭解自我與外在世界的資料，才能不斷地行動與修正，協助你更清楚自己的核心生涯想法或價值，並對「理想生涯」作最深切的期待，幫助你確立理想的生涯目標。

第二節 生涯決定歷程

做決定是一個歷程，生涯決定則是不斷循環的歷程，有一個欲達成的目標，還有決定者可能的幾種選擇、結果、與評量分析、付諸行動。因此，你不妨循著說明擬定一個生涯目標，運作生涯決定流程，檢視這個決定的品質。

假設我們選擇的「目標」是美工人員，就有幾個思考步驟：

瞭解環境資源與個人資源

1. 環境資源分為「大環境」與「小環境」。大環境資源如台灣美工設計市場的發展雖僅十餘年，但進步快速，增加很多就業機會，美工設計如今已成為一大重要行業。小環境資源如工作的機會、待遇、環境及可運用的資源（同事、設備.....），可提高思考、創作，使設計構想能盡情發揮；家庭成員，如配偶、子女對這個行業的看法，對自己工作所能支持、配合；親友對這個行業的看法，所能提供的支持、協助等。

2. 個人資源分為「動力資源」與「核心資源」。動力資源為專長、能力與學識，三者彼此有部分相關，專長是指特別擅長的工作項目，能力是泛指具有洞察力、思考力、創造力、說服力、待人處事等能力；學識則指一般和專業的知識。核心資源包含人格、價值與興趣，人格是特指與目標行業有關的人格特質，像藝術型的人格特質；價值指的是追求美的價值觀，視發揮創意的工作為最大的成就；興趣則喜歡運用人物、材料等傳達美的意念。

評估與分析

1. 辨識達成目標各種可能的途徑，再分析各種途徑的結果，根據上述對環境資源的瞭解去預測各種途徑成功的機率及可能的後果。

2. 將自己的興趣、能力、特質、價值觀等與外在的工作世界充分的整合，自我評估並思考自己的最佳選擇。

決定與執行評估

1. 經過分析與評估的階段，你可能會發現似乎很難做決定。換言之，你的資源不足，無法權衡各種途徑的利弊。因此，你必須繼續收集更多的資源，再進行評估。

2. 經過一次的生涯決定歷程就可以做決定，表示你在分析與評估上做得不錯，才能做出最佳決定。為求審慎，必須對此決定再做評估，可以用自我評估與評估他人建議的方式。

3. 當你的決定執行一段時間後，應對執行結果進行評估，再修正、執行。

有系統的做決定步驟應可提供你仔細思考決定選修科目時的有效方法，幫助你做出理性明智的決定。

┌───┐
活動4.1─有系統的生涯決定歷程

單元目標：學習遵循有系統的生涯決定歷程和步驟，思考生
　　　　　涯決定中的問題。

活動內容：

＊試著以目前學校選修科目的決定歷程為例，來練習做出有
　效的選擇和決定。

＊當你已能更理性明智地做出選修科目的決定，熟知作決定
　的步驟和方法，你是否能進一步嘗試為自己未來可能從事
　的職業生涯做出理性的決定呢？

＊請和你的朋友或同學們分享你的決定。
└───┘

考慮主題─ 你必須去思考什麼？	你正被要求去做什麼的決定？ 你可擁有哪些選擇？ 你必須選修多少科目？ 你能選修多少科目？
獲得資訊─ 什麼樣的資訊？ 在哪裡獲得？	你學校有提供選修科目指南嗎？ 圖書館中可獲得哪些資訊？
利用資訊─ 如何利用這些資訊？	關於不同的科目，你必須懂哪些？ 有任何全新的課程嗎？ 你可以使用哪些讀書方法？ 關於你自己，你必須知道些什麼？
徵詢建議─ 誰可給予建議？	與各科老師、導師、輔導老師、父母及你感興趣的行業的從業人員談談。
評估並且決定─ 什麼將會影響你的決定？	作出一個特定的選擇，它的優缺點各是什麼？ 某些科目對以後的生涯選擇有關聯嗎？如果有，是哪些？
討論結果─ 你如何達成決定？	根據你學校的課表，你的選擇有可能實現嗎？ 你有給自己最好的機會，來獲得最高的成績及均衡的課程嗎？你感到快樂或者有些擔憂？

為了做成有效的決定，美國生涯學者葛堤等人(Gati et al.,1995)基於決定理論和問題解決策略，將有效生涯決定的歷程歸納為九個重要階段，對解決生涯決定之問題具有相當廣泛的實用性。

1. 界定決定問題：生涯諮商的首要階段是界定決定的目標，並辨認出可供選擇的選項，例如：選擇主修科系（資訊處理或汽車修護），選擇職業（會計或技工），或是選擇工做或雇主（台塑或華碩）。

2. 辨認有關的層面：辨認與個人生涯決定較有關連的一些重要層面，做為一組評估指標。例如：能力、收入、名聲地位、獨立性、與人的關係、成就感等。

3. 評定重要層面的等級：在列舉出對個人生涯選擇具有重要性的所有層面之後，須進一步依據其相對重要性，評定等級。例如，對你而言，生涯選擇最重要者可能是「收入」，其次是「名聲地位」，在其次是「獨立性」等。

4. 辨認最樂觀且最可接受的程度：在每一個層面上，辨認出個人可期待獲得該層面的最樂觀程度，以及雖非最理想但仍可接受的程度。例如，在「收入」上最樂觀的程度是「月收入三萬元」，可以接受的程度是「月收入兩萬元外加紅利」。

5. 確認與偏好相容的生涯選項：依據上述各層面的相對重要性，蒐尋最適切的生涯選項。例如，你可能以為「名聲地位」對生涯選擇而言是最重要的層面，則以此為基礎找尋在可供考慮的生涯選項中，最能提供名聲地位者。

6. 檢視生涯選項的可行性：在與你的偏好相容的所有生涯選項中，逐一檢視各個選項在現實條件下的可實現性，並淘汰較不具有可行性的生涯選項。

7. 蒐集相關與其他資訊：接著你須透過職業分類索引或職業展望手冊等工具，廣泛地蒐集與這些相容且可行之生涯選項相關且完整的資訊，以做為生涯決定的基礎。

8.依據所有資訊評定生涯選項的重要性等級：以你所蒐集到
　的所有資訊為基礎，評定所有生涯選項的重要性等級，並
　決定你所希望履行的先後次序。在此一階段中，由甄尼斯
　和緬恩（Janis & Mann, 1977）所設計的「平衡單」
　（balance sheet procedure）可做為生涯決定的輔助工
　具。

9.發展行動方案以執行最偏好的生涯選項：最後階段的重點
　在於進行行動策略的計畫，以有系統地執行個人最偏好的
　生涯選項。例如，（1）報名參加語言學習課程，以充實個
　人的語言能力，（2）參加語言考試，獲取申請入學的憑
　證，（3）申請進入大學等。

　　「決定平衡單」（decision-making balance sheet）經常被
應用於問題解決模式中，用以協助個人有系統地分析每一個可能
的選項，判斷分別執行各選項的利弊得失，然後依據其在利弊得
失上的加權計分排定各個選項的優先順序，以執行最優先或偏好
的選項。

　　當你已經蒐集了有關自己、他人以及和職業生涯相關的資訊
之後，假設你在兩個偏好程度相似的生涯選項之間難以抉擇，不
妨試著將生涯選項各自的利弊得失或阻力、助力列舉出來，以便
做進一步的比較判斷。

活動4.2― 生涯決定平衡單

單元目標：

＊學習利用「決定平衡單」有系統地進行生涯決定。

＊分析影響決定的助力和阻力。

＊權衡出不同期待間的輕重以做出最合宜的決定。

活動內容：

＊列出可能的生涯選項：

首先你需在平衡單中列出有待深入評量的潛在生涯選項三至五個（例如你打算要升學或就業，或者是你打算要申請入學的學校科系）。

可能考慮的生涯選項：
1.
2.
3.

＊判斷各個生涯選項的利弊得失：

平衡單中提供你思考的重要得失，集中於四個層面，分別是：自我物質方面的得失、他人物質方面的得失、自我精神方面的得失、他人精神方面的得失。

項　目		生涯選項一		生涯選項二		生涯選項三	
		得/助力	失/阻力	得/助力	失/阻力	得/助力	失/阻力
自我	物質方面						
	精神方面						
自我	物質方面						
	精神方面						

＊依據重要得失層面衡量生涯選項：

　分析各個選擇方案在每個項目上的得失，計分範圍1~10，

　依你個人主觀判斷作評量（參考例一）。

＊計算各生涯選項的得失總分：

　計算各個選擇方案的「得」（正分）、「失」（負分）總

　分，並計算「得失差數」。找出「得失差數」最多的選擇

　方案。

例一：李安平的「生涯決定平衡單」

考　慮　項　目	方案一：就業 得（＋）	方案一：就業 失（－）	方案一：升學 得（＋）	方案一：升學 失（－）
1.適合自己的能力	5		6	
2.適合自己的興趣	3		6	
3.符合自己的價值觀		-4	4	
4.滿足自己的自尊心		-3	4	
5.較高的社會地位		-1	3	
6.帶給家人聲望		-2	2	
7.符合自己理想的生活型態	2		2	
8.優厚的經濟報酬	8			-7
9.足夠的社會資源	2			-4
10.適合個人目前處境	6		1	
11.擇偶以建立家庭	7			-8
12.未來具有發展性	4		8	
合計	37		35	-19
得失差數	27		16	

＊各項考慮因素之加權計分：

在各個層面的利弊得失之間，會因處身於不同情境而有不同的考量。因此，在詳細列出各項考慮層面之後，需再進行加權計分。請依各項考慮因素對你個人重要程度的不同，分別給予以1至5倍之加權（請參考範例二），並寫在（×＿＿）的空格內，然後將你已完成的平衡單的分數乘上（　）內的分數，寫在加權後的平衡單中，並把總分計算出來（參考例二）。

例二：李安平加權後的「生涯決定平衡單」

考　慮　項　目	方案一：就業		方案一：升學	
	得（＋）	失（－）	得（＋）	失（－）
1.適合自己的能力（×5）	25		30	
2.適合自己的興趣（×5）	6		12	
3.符合自己的價值觀（×5）		-16	16	
4.滿足自己的自尊心（×5）		-6	8	
5.較高的社會地位（×5）		-3	9	
6.帶給家人聲望（×5）		-4	4	
7.符合自己理想的生活型態（×5）	10		10	
8.優厚的經濟報酬（×5）	24			-21
9.足夠的社會資源（×5）	4			-8
10.適合個人目前處境（×5）	30		5	
11.擇偶以建立家庭（×5）	2812			-32
12.未來具有發展性（×5）	139		24	
合計			118	-61
得失差數	110		57	

＊計算各生涯選項加權之後的得分：

逐一計算各個生涯選項在「得」（正分）與「失」（負分）
的加權計分與累加結果，並計算出各個生涯選項的總分。

＊排定各個生涯選項之優先順序：

最後，依據各生涯選項在總分上的高低，排定優先次序。
生涯選項的優先次序即可作為生涯決定的依據。

＊請你試著填寫一份屬於自己的「生涯決定平衡單」。並和
你的同學一起分享你的決定平衡單。

_____的「生涯決定平衡單」

考 慮 項 目	第一方案		第二方案		第三方案	
	得（＋）	失（－）	得（＋）	失（－）	得（＋）	失（－）
1.						
2.						
3.						
4.						
5.						
6.						
7.						
8.						
9.						
10.						
11.						
12.						
合 計						
得失差數						

第三節 理想生涯目標

　　人生有階段性，生命有成長的軌跡，由青澀而茁壯，你得澄清自己要什麼，清楚自己生涯的重心和方向全然真實的面對自己，才能設定短程或長程的目標，以實踐理想的生涯藍圖。

　　我們在日常生活中，常會發現不同的個人，即使面對相同的經驗或現實，卻會依據個人的不同想法或理論，而衍生不同的方式來建構該經驗或現實。因此，你所用以考慮或判斷潛在生涯選項的想法，可能包含你對自己的瞭解和看法，如自我的興趣、性向、能力、價值和特質等，你對他人期待和社會規範的認知和覺察，以及你對工做世界的認識和展望。這些生涯想法的相互做用，決定了你為自己所設定的理想生涯目標。

　　「生涯選擇方格」是用來探索和瞭解你自己面臨生涯選擇時的想法的一項有用工具（吳芝儀，1997；2000a）。進行「生涯選擇方格」的目的，即是有系統地協助你釐清並整理這些多元面向的生涯想法，依據這些想法來判斷或評估你的理想生涯，使你更有信心地為自己設定理想的生涯目標，做為引領你規劃生涯發展方向的標竿。

　　在這份方格中，所有的資料都將由你來提供。首先，你必須列出一些可能或不可能從事的生涯選項。然後，藉由比較或對照你所列出的選擇，來探索你的一些「生涯想法」。你的生涯想法呈現你自己用來判斷生涯選擇的方式，它們是由你的生涯發展歷程中的獨特經驗所形成的，而且這些想法仍在持續地發展變化之中。所以，你的許多生涯想法是獨特的，可能不同於其他的人。

活動4.3─列舉生涯選項

　　在本生涯方格中，你的「生涯選項」是指你在完成你所需要的教育準備或訓練之後，想要去做的某項特定「工作」（如工程師、業務員、中學教師、個人工作者......）或「職業」（如工程、貿易、公教、家庭管理......）。

　　現在，請你假想「未來一至五年」或「完成你所需要的教育準備或訓練」之後，你可能或不可能去做的工作或職業（包括任何有薪給或無薪給的工作名稱）。並請你將想到的生涯選項，填寫在下列的空格中（一次一個不同的選項）。

＊你可能考慮去做，或你曾經想過會去做的二項工作或職業。

　　1.
　　2.

＊你不會考慮去做，或你曾經想過不會去做的二項工作或職業。

　　3.
　　4.

＊你以前曾經做過，或你的父母親友做過，或任何其他你所熟悉的工作或職業。

　　5.
　　6.

＊你的理想生涯（不必定義它是什麼，就稱它為「理想生涯」）

　　7.理想生涯

活動4.4─列舉生涯選項

* 請你從你所列出的六個生涯選項中，依照123、456、134、256、135、246的順序，抽取出三個，進行每三個生涯選項的比較。
* 仔細想想看，在這三個生涯選項中，是不是有哪兩個工作在某一方面是相似的？而這個相似點正好不同於第三個工作？
* 請將這一組包含「相似點」和「相異點」的生涯想法，填寫在空白「生涯選擇方格」的生涯想法欄內。

例如：

相似點　　　　5　　　　4	1.中學教師	2.公務員	3.業務員	4.甲	5.乙	6.丙	7.理想生涯	相異點　　2　　1
A.工作時間固定	○	○	✕					工作時間不固定
B.接觸人群				✕	○	○		接觸人較少

活動4.5─評定生涯選項

* 將這一組二分性的生涯想法，轉換為一個五點量表。

　　相似點　　　相異點
　　5　4　3　2　1
　　├─┼─┼─┼─┤

5　非常接近「相似點」
4　有些接近「相似點」
3　接近中點
2　有些接近「相異點」
1　非常接近「相異點」

* 利用這一組生涯想法的五點量表，來評定你所列出的每一個生涯選項，以及你對「理想生涯」的期望水準。

例如：

相似點　　　　5　　　　4	1.中學教師	2.公務員	3.業務員	4.甲	5.乙	6.丙	7.理想生涯	相異點　　2　　1
A.工作時間固定	4	5	1	2	3	5	4	工作時間不固定
B.接觸人群	3	1	5	5	1	1	5	接觸人較少

生涯選擇方格

姓名：　　　　　　　　　日期：

	1	2	3	4	5	6	7 理想生涯		相異點			相似點	
									1	2		4	5
A													
B													
C													
D													
E													
F													
G													
H													
I													
J													
K													
L													
M													

活動4.6—理想生涯目標

＊現在請你仔細審視「生涯選擇方格」中，你對「理想生涯」
的期望水準，描繪出你所期望的「理想生涯」的輪廓—應該
具備哪些你所期望的特質或條件？

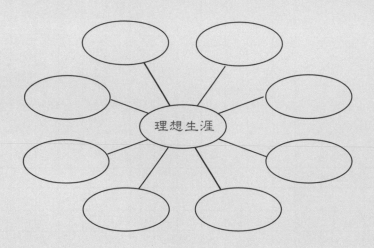

＊當你歸納出你所期望的「理想生涯」應該具備哪些特質或條
件之後，你需進一步判斷在你所列舉出的六個生涯選項中，
哪一個最接近你的「理想生涯」？

＊請以你在「理想生涯」上的評量得分做為「基準點」，將每一個生
涯選項在各組生涯想法上的得分「減去」「理想生涯」在該組生涯
想法上的得分，即為該生涯選項的「基準分數」。

＊將該生涯選項在各組生涯想法上的基準分數相加起來，即為該生涯
選項的「基準總分」。

＊「基準總分」愈低的生涯選項，表示其愈接近「理想生涯」。意
即，你對該生涯選項的各項評量，愈符合你對「理想生涯」的期望
水準。

＊在尚未出現其他更符合你的「理想生涯」的生涯選項之前，最接近
的生涯選項即可作為你的理想生涯目標。

活動4.7─未來生涯幻遊

單元目標：引導學生透過想像活動，勾勒出未來的理想生涯。

活動內容：

＊你是否能更具體地想像自己十年後的模樣？未來的生涯會是什麼光景？現在就讓我們一起乘坐未來世界最先進的時光隧道機，到未來世界去旅行！

（自我暗示放鬆訓練＋輕音樂）

　　現在，我們一起坐在時光隧道機裡，來到十年後的世界，也就是西元××××年的世界。算一算，這時你幾歲了？容貌有變化嗎？請你儘量想像十年後的情形，愈仔細愈好。

　　好，現在你正躺在家裡臥室的床鋪上。這時候是清晨，和往常一樣，你慢慢地張開眼睛，首先看到的是臥室裡的天花板。看到了嗎？它是什麼顏色？

　　接著，你準備下床。嘗試去感覺腳指頭接觸地面那一剎那的溫度，涼涼的？還是暖暖的？經過一番梳洗之後，你來到衣櫃前面，準備換衣服上班。今天你要穿什麼樣的衣服上班？穿好衣服，你看一看鏡子。然後你來到了餐廳，早餐吃的是什麼？一起用餐的有誰？你跟他們說了什麼話？

　　接下來，你關上家裡的大門，準備前往工作的地點。你回頭看一下你家，它是一棟什麼樣的房子？然後，你將搭乘什麼樣的交通工具上班？

　　你快到達工作的地方，首先注意一下，這個地方看起來如何？好，你進入工作的地方，你跟同事打了招呼，他們怎麼稱呼你？你還注意到哪些人出現在這裡？他們正在做什麼？

你在你的辦公桌前坐下，安排一下今天的行程，然後開始上午的工作。早上的工作內容是什麼？跟哪些人一起工作？工作時用到哪些東西？

很快地，上午的工作結束了。中餐如何解決？吃的是什麼？跟誰一起吃？中餐還愉快嗎？

接下來是下午的工作，跟上午的工作內容有什麼不同嗎？還是一樣的忙碌？

快到下班的時間了，或者你沒有固定的下班時間，但你即將結束一天的工作。下班後，你直接回家嗎？或者要先辦點什麼樣的事？或者要作一些什麼其他的活動？

到家了。家裡有哪些人呢？回家後你都做些什麼事？晚餐的時間到了，你會在哪裡用餐？跟誰一起用餐？吃的是什麼？

晚餐後，你做了些什麼？跟誰在一起？

該是就寢的時間了。你躺在早上起床的那張床鋪上。你回憶一下今天的工作與生活，今天過得愉快嗎？是不是要許一個願？許什麼樣的願望呢？

漸漸地，你很滿足地進入夢鄉。安心地睡吧！一分鐘後，我會叫醒你。

（一分鐘後）

我們慢慢地回到這裡，還記得嗎？你現在的位置不是在床上，而是在這裡。現在，我從10開始倒數，當我數到0的時候，你就可以睜開眼睛了。好，10-9-8-7-6-5-4-3-2-1-0。請睜開眼睛。你慢慢地醒過來，靜靜地坐著。

> ＊幻遊未來世界之後，你回到了現實世界。還記得你的幻遊
>   經驗嗎？請和你的同學一起分享你的生涯幻遊中出現了哪
>   些有趣的經驗？

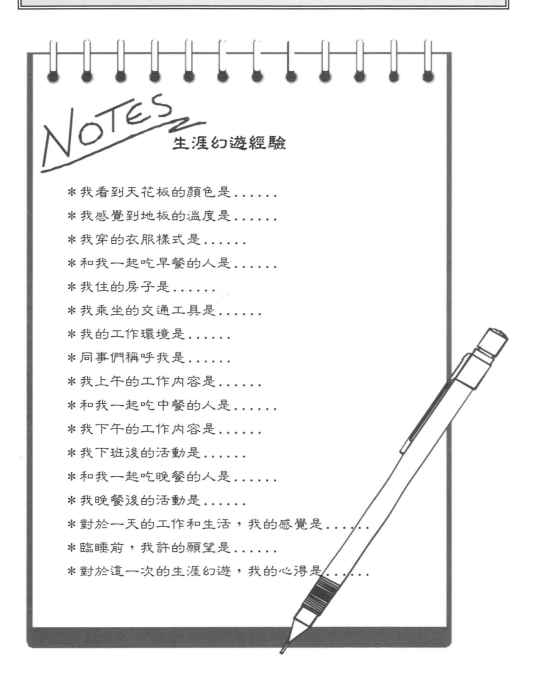

NOTES

生涯幻遊經驗

＊我看到天花板的顏色是……
＊我感覺到地板的溫度是……
＊我穿的衣服樣式是……
＊和我一起吃早餐的人是……
＊我住的房子是……
＊我乘坐的交通工具是……
＊我的工作環境是……
＊同事們稱呼我是……
＊我上午的工作內容是……
＊和我一起吃中餐的人是……
＊我下午的工作內容是……
＊我下班後的活動是……
＊和我一起吃晚餐的人是……
＊我晚餐後的活動是……
＊對於一天的工作和生活，我的感覺是……
＊臨睡前，我許的願望是……
＊對於這一次的生涯幻遊，我的心得是……

　　生涯研究學者薩梅凱（Savickas，1990）認為成功和滿意的生涯係奠基於個人未來導向的時間關照，而發展出以自己為主體的生涯感。亦即，當個人能為自己設定一個未來可以達成的生涯願景，且以過去或現在所經驗的事件為基礎來規劃未來，設定合於現實且可做為引導自己努力的目標，即激發出個人的成就動機，致力於使未來成為可能，並減輕因未來的不確定感所產生的焦慮。

　　因此，高中職階段的年輕朋友們，也必須學習為自己勾勒未來的理想生涯願景，致力於發展時間統整感，強化自我認定感，規劃未來，使現在的行動均朝向達成未來的目標而努力。

　　現代社會中許多青少年問題，大多根源於部份青少年在主流價值體系導向的社會中，無法想像自己的明天，看不到自己的未來。而當未來無法被合理地期待，明天的自己不知會身在何處，青少年也只好在現在生活中隨波逐流痲痺自我，甚至更焦慮地要把握現在的歡樂，而不在乎未來的是否或如何償還現在所欠下的負債。「今朝有酒今朝醉」、「不在乎天長地久，只在乎曾經擁有」都是青少年缺乏未來感的反映，甚至常因「一時衝動、不顧後果」而衍生層出不窮的社會問題。

　　因此，我們期待年輕的你能為自己設定合於個人理想和社會現實的生涯目標，並引導自己更具體明確地規劃未來的發展進路，以循序漸進地實現讓自己感到滿意的生涯型態和生涯風格。

第五章

生涯進程與管理

1
生涯進程
2
生涯管理
3
生涯規劃報告

學 習 目 標

★ 了解生涯進程的發展性，以規劃自己的生涯進程。

★ 了解生涯管理的意義、內涵與重要性。

★ 能以生涯管理的理念來規劃生涯。

第一節 生涯進程

當你終於釐清了自己的核心生涯價值，體認到你此生存在的核心目的，你也更能清晰具體地勾勒出理想的生涯目標和願景。當你心中理想生涯目標的藍圖逐漸清晰地被勾勒出來，你對未來生涯發展的憧憬將更加殷切。

那麼，你會如何為自己鋪設一條通往理想生涯目標的路徑呢？就像遙望著奇峻高山頂峰的登山者，對於山巔一望無際、睥睨群峰的雄偉景致雖然早已心嚮往之，卻沒有任何方法可以一步登天。茂密叢林中遍尋不見路徑，還須開山闢地、披荊斬棘，才能一步一腳印地走出自己的路。山腰險峻之處，更須一刀一斧雕石為階，才能臨淵履薄地拾級而上。登山沒有捷徑，必須步步為營。

還記得小時候玩過的迷宮捲紙遊戲嗎？捲紙開端的一條路，可以分岔無數，有些殊途同歸，有些危機四伏。人生歷程中也會出現無數的分岔路，每一次都會面臨新的抉擇和未知的挑戰，然而，當你前進的目標和方向一致，無論你選擇的是哪一條路，差別可能只在於遭遇困難險阻的程度。選擇一條人跡較少的路，也許沒有那麼順利，但克服險阻和挑戰的收穫也會更為豐富。

當你已確立了人生的方向和目標，你打算如何幫自己這一生修橋、鋪路或架設梯階呢？現在就讓我們一起來逐步建設這生涯之路。

未來世界的一番自在遨遊，也許勾起了你平日潛藏在心底深處的一些願望和憧憬。這些願望也許在目前你所處身的現實環境中尚無緣實現，但誰知未來不會有那麼一天，你會逐步建構出夢想中的現實，變現實成你的夢想？如果蝴蝶可以夢見莊周，蝴蝶會希望如何過莊周的生活呢？

不要用現實羈絆你的夢想，就讓夢想乘著蝴蝶的翅膀飛翔吧！

活動5.2—我的十個大夢

單元目標：激發學生對生涯願景的自由聯想。

活動內容：

我夢想這一生能完成的十件大事	何時完成
1.	
2.	
3.	
4.	
5.	
6.	
7.	
8.	
9.	
10.	

　　為了達成你的生涯目標，實現你心底對自己最深的期待，你必須鋪設一條能通往生涯目標的道路。但在擬定生涯計劃之前，你仍需要仔細思考一些問題，看看你是否已經做好了展開行動的準備。

　　下列是你可能需要深入思考的問題。

我在哪裡？ 我已經得到什麼？	**例如**：你需要考慮—你在曾經選修過的科目中的學習和進步情形？ ＊你在實習或打工經驗的學習和進步情形？ ＊你已經培養的技能是什麼？
我要去哪裡？ 我想得到什麼？	**例如**：你將對於念研究所、出國留學或就業求職做出決定。 ＊為了什麼目的？
我需要什麼來到達那裡？ 我需要什麼才能成功呢？	**例如**：你需要考慮達成生涯目標所須準備的知識與技能：包含哪些？ ＊要學好它們，你需要具備什麼技能？ ＊它們對什麼工作有用？ ＊會有很多壓力嗎？
我要採取什麼行動？	**例如**：你要如何找到所需要的資料？ ＊和老師談談，從他們那裡得到資源。 ＊使用生涯中心所提供的資料。 ＊使用電腦查詢就業資訊。 ＊查看學校的升學就業手冊。
有關的時間限制	**例如**：你需要考慮你要設定的目標以及達成目標的期限。
我如何知道已經達到目標了？	**例如**：當你決定你打算要發展的生涯進程時，告訴父母、老師和學校。
我要和誰討論我的想法？	**例如**：可和你重視且了解你未來目標所需條件的長輩或朋友討論你的想法。

活動5.3—準備行動計劃

單元目標：引導學生思考達成生涯目標所應採取的準備行動。
活動內容：

| 我現在在哪裡？
我已經得到什麼？ | |

▼

| 我要去哪裡？
我想得到什麼？ | |

▼

| 我需要什麼來到達那裡？
我需要什麼才能成功？ | |

▼

| 我要採取什麼行動？ | |

▼

| 有關的時間限制 | |

▼

| 我如何知道已經達到目標了？ | |

▼

| 我要和誰討論我的想法？ | |

　　目前，高中職學生的生涯進程可分為升學和就業兩大類別。在升學方面，則有繼續就讀技職教育體系的四技二專，或學術體系的一般大學，以及終生學習體系的社區學院等多元管道。而在就業方面，高中職學生將可在取得丙級技術士檢定執照之後，進入工作世界，在學以致用中精進所學的專業技術。

　　圖5.1列舉了多條可供高中職學生選擇的教育訓練發展進路。

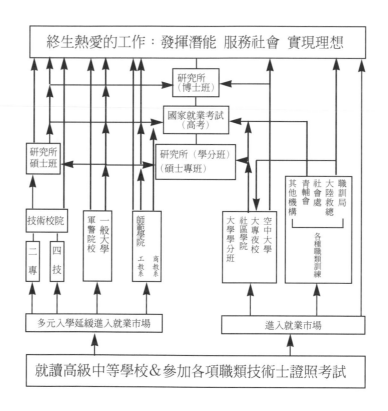

　　從民國九十學年度開始，最受高中職學生歡迎的技職教育體系四技二專將採取「考招分離制度」，而大學入學制度亦將是「多元入學」的局面。也就是說，高中職學生的生涯進程將愈為寬廣多元，無論是進修更高深的學問，或者是更精進所學技能，都將是「條條大路通羅馬」——通向無止境的終生學習旅程。

　　「栽培自己」在終生學習的時代則是決定生涯成功的重要關鍵。通常，在機構中所擔負的決策責任愈輕，要求工作者之興趣和能力的偏向性愈加明顯；在機構中所擔負的決策責任愈重，則愈要求工作者應具備多元化的興趣和能力。

　　例如當你為自己設定的進程目標是成為一位「機械工程師」，你也許會發現：獨立作業的機械工程師，僅需具備操作、維修、或研發機械的興趣和能力；隨著你在組織機構中所擔負的責任逐漸加重，團隊工作的機械工程師，則在機械能力之外，還需具備與人相處的興趣和溝通協調的能力；最後當你晉升到具有高度責任的管理階層的機械工程師，則更應有領導統御的能力和商業經營的興趣（如圖5.2所示）。

　　想想看，在未來的生涯旅程中，你會如何來「栽培」自己呢？

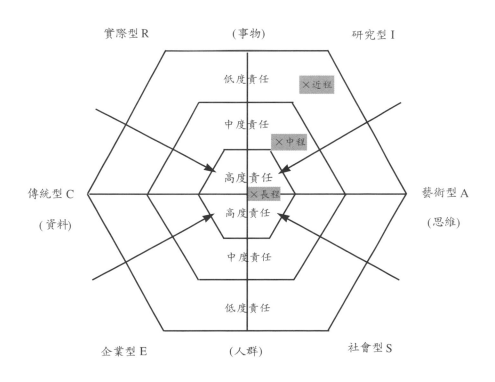

圖5.2 不同階級生涯目標所須之興趣和能力

資料來源：吳芝儀（2000a）

　　當我們有一個很大或艱困的工作要完成時，通常把它分成較小的任務會比較容易。當我們要完成一個特定目標時，也可以應用相同的概念來設定階段性的目標。

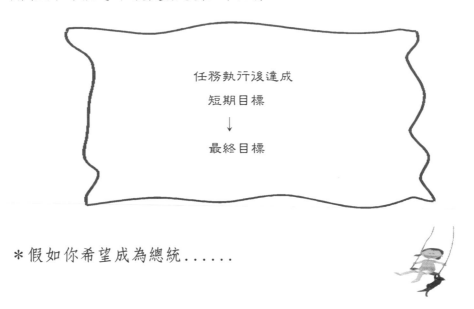

任務執行後達成

短期目標

↓

最終目標

＊假如你希望成為總統……

生涯目標	在～年之前
我希望成為總統	在2030年之前

＊你必須採取很多行動步驟，設定階段性目標。如：

生涯目標	在～年之前
1．我需要有擔任行政首長的經驗	2025
2．我需要當選民意代表	2015
3．我需要進入政府或民意機構工作	2010
4．我需要成為政黨中活躍且有代表性的成員	2005
5．我需要參加政黨	明年九月
6．我需要選修演說的課程	下學期
7．我需要和一個人以上討論對政治議題的看法	下星期以前
8．我需要看兩個時事的節目	這星期五以前
9．我需要閱讀報紙的社論及時事評論	今天

你所設定的生涯目標愈具體明確，愈有助於擬定行動計畫來達成。因此，你所設定的目標必須是具體明確、可測量、可達成、有關聯，以及有時間限制的。例如：

要求	說明	實例
S: 具體明確	目標應該具體的而不是模糊或概括的。	✓下個月的每個星期三記得要帶讀書報告來。 ✗記著要帶讀書報告來。
M: 可測量	你務必要確定當你達成目標時你會知道。	✓下學期的數學成績要拿到班上的前五名。 ✗數學科要考好一點。
A: 可達成	你一定要設立有辦法達成的目標。 你的目標必須讓你接近你的最終目標。	✓將我的數學和英文成績由不及格提高到及格標準。 ✗我每一科都要拿到９０分以上。
R: 有關聯	要有實際且合理的時間表，來設定達成目標的時間。	✓藉由實習經驗來發現自己是否喜歡電子公司的工作。 ✗改進我在學校的行為表現。
T: 時間限制	最好要有檢核時間。	✓檢核時間：四月九日星期一中午12.30 ✗儘快

活動5.4—擬定階段性目標

單元目標：引導學生練習為自己設定具體明確的階段性
目標。

活動內容：請以你自己的生涯目標為例，試著為自己規
劃一系列的行動步驟，完成階段性目標。

生涯目標	在～年之前

＊你可能採取的行動步驟及階段性目標：

行動步驟＼階段性目標	在～年之前
1.	
2.	
3.	
4.	
5.	
6.	
7.	
8.	
9.	

第二節 生涯管理

　　人在一生發展中的每個階段都有不同的使命，在人生的舞台上或者企業機構中扮演不同的角色，懂得妥善經營自己、規劃自己的人生，才能充分發揮自己的優點和特長，成為最耀眼亮麗的主角。

　　從企業經營的觀點來看，由於人力是企業經營的根本，「生涯管理」（career management）是一個具有宏觀遠見的企業機構為其員工的事業前程做好妥善的規劃管理，透過教育與訓練，協助員工規劃其個人生涯發展目標，使員工能配合企業發展目標和經營理念，訂定實際可行的個人生涯發展目標，促使其堅定地朝向目標努力邁進。

　　從個人的角度來說，「生涯管理」乃是一個高瞻遠矚的工作者為自己未來的生涯發展設定了具體可達成的目標，並規劃出循序漸進的生涯徑路，透過自我投資於教育和訓練，來培養自己為達成目標所必須具備能力和條件，以逐步實現自己的生涯理想。

　　生涯研究學者史多利（Storey，1976）最早指出「生涯管理」應是個人與組織對於所設定的生涯目標進行準備、執行與監控的持續過程。在此一過程中，個人與組織均需建立具體可實踐的生涯計畫，來逐步達成預先設定的生涯目標，以促進個人生涯的成功，並促成組織最大的經濟效益。

　　從個人的角度而言，在這個持續過程中，個人應該藉由不斷地探索自我與瞭解環境，來發展、執行與評估自己的生涯行動：

1. 蒐集關於個人與組織環境的相關資訊。
2. 發展個人才能，瞭解個人的興趣、價值、生活型態，以及選擇職業、工作與組織組織機構。
3. 基於上述資訊，發展可靠、能力範圍內可達成之生涯目標。
4. 發展與實施達成生涯目標的生涯策略。

5.根據策略與有關目標的表現，獲得回饋作為修正，或是再回到第一個步驟，再一次作準備、實施、檢驗的過程。

在現今變遷快速的社會環境中，身為一個現代工作者，有必要深入了解組織的特性並時時提高警覺，掌握最新的資訊動態，適應新環境的需求，以能適當正確地發展、評估生涯的目標與策略。例如主動與主管討論工作上的執行成效與問題；從週遭同事中獲得有關的資訊，以作為個人工作、計劃等執行的參考；參與組織所提供的正式計畫，以儘可能地學習組織中各方面的事物；參閱有關組織的文件檔案記錄，以充分掌握組織的脈動；發展個人在組織內的非正式接觸，以便能瞭解有關組織方面的訊息等。此外，個人亦可採取主動積極的行動來改善組織的結構和環境，以促成組織的更新和進步。

而從組織的角度來說，組織應提供多方面的管道以利個人探索與認知環境，例如：發行組織內部人事簡訊等刊物，使員工瞭解升遷的管道和機會；舉辦員工事業生涯的講習會或研討會，促進員工的生涯覺察和規劃；設立生涯諮商部門，以協助員工進行自我評估，並提供生涯諮商服務等。

此外，組織中為協助員工進行生涯管理而提供的服務尚有：

1.人力規劃—人力規劃在評估未來的人力需求和內部人力供應之差距，按其結果設計出行動方案滿足組織的人力需求，這是生涯發展計畫的重要參考資料。
2.績效評估—績效評估可辨認出員工的優、缺點；利用此項資料配合生涯途徑及組織所提供之生涯機會，員工可設計出實際可行的生涯計畫。
3.訓練和教育—訓練和教育可提供員工生涯規劃所需之能力和技術。

二十一世紀是終生學習的時代，教育與學習、訓練與進修已成為現代人在每個發展階段的基本任務。「教育」主要在增進個人工作和生活上的知識，培養正確的職業倫理道德，發揮敬業樂群的精神，使我們獲得有系統的知識、觀念和技能，充分發揮潛能，以適應未來生涯發展的需要。「訓練」主要在改變我們的行為、態度與技能，以達成目標的需求；並能獲致工作所需的相關知識與技能，因應工作的需要，有效地達成工作任務。

　　依據現行教育制度及訓練體制，教育訓練可依循下述的途徑：

1. 傳統的學術教育體系：高中→大學→研究所（在職進修專班、碩士→博士）等。
2. 技術及職業教育體系：高職→四技二專→研究所（在職進修專班、碩士→博士）。
3. 職業訓練體系：職前與在職訓練二種。包括有養成訓練、技術訓練、進修訓練、轉業訓練、殘障者職業訓練等。
4. 延教班、進修學校、社區學院、空中大學等終生學習體系。
5. 網路學習、遠距教學等多媒體學習管道。

　　這些可供個人選擇的多元發展的教育或訓練管道，可為個人儲備或更新優越的生涯技能，以提昇個人在生涯職場上的競爭力。

　　此外，個人在組織機構中的成長計畫尚應包括以下幾項：

1. 能力培養─透過成長團體、工作檢討會、讀書會、專題研討等，增進個人專業能力、溝通能力，以及聽、說、寫、讀等基本能力。
2. 自我成長─訂定自我定向和自我學習計畫（反省、自知與未來目標定向），以獲得專業證照與資格。
3. 婚姻經營─透過夫妻溝通、親職教育、家庭理財等研習機會，建立起支持網絡。

4. 休閒生活──參與社團活動，培養休閒興趣，點綴生活的情趣，以擁有健康快樂的生活。

5. 人際關係──秉持真誠、溫暖、同理心的態度，對待同儕、朋友與同事；在工作中遵守團體規範、表現合作的態度，建立互助合作的良好人際關係，以促進生涯發展的順利成功。

當前企業界爭相在人力資源管理上強化員工教育訓練的策略性管理理念，「生涯管理」的時代已經來臨。尤其在經濟不景氣的年代，生涯管理的策略運用將有助於讓自己韜光養晦，做好充分的準備，培養更專業的知能，以因應未來變遷社會的挑戰。期待「生涯管理」能為現階段所有陷入迷惘與挫折的人們開創一個全新的局面，為生命的尊嚴與事業的成就奠定穩固的根基。

相信未來掌握在我們手裡，而現在則是充實自我的最佳契機。

活動5.5—生活餡餅

單元目標：透過活動，學習從一天生活的規劃思考生涯管理
　　　　　的內涵。

活動內容：

＊在平日生活裡，你都做那些活動？你是如何安排每一天的
　生活？

＊餡餅代表一天二十四小時的生活。

＊你怎麼度過每一天的？吃飯、看書、睡覺、上課....，請
　嘗試分析自己一天的生活，並繪製自己一天的生活餡餅。

＊以六人一小組，波此分享並討論之。

生活餡餅　　　（我的24小時）

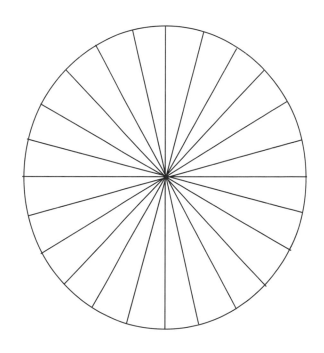

　　時間不能增加，生活仍然要過，如何讓自己在有限的光陰裡
完成一天中需要處理的重要事務，就看你如何調配與掌握了。

第三節 生涯規劃報告

　　除了工作和職業的規劃是生涯規劃的主軸之外，在這個強調「終生學習」的時代，你尚須思考其他與人生全程生活角色相關的生涯規劃，例如人際關係的建立、婚姻與家庭管理、理財與消費管理、休閒管理、甚至是健康管理等。因此，一份完整的生涯規劃報告，必須涵蓋教育準備、興趣培養、能力培養、工作職業、人際經營、家庭經營、經濟經營、置產消費、休閒旅遊、健康管理等重要的人生課題。

　　當你已為自己未來的生涯發展設定了理想的目標，你就必須充分瞭解要達成理想生涯目標所需具備的能力條件和教育程度，以及能支持自己全力投入、即使再累也不怨不悔的興趣水準。然後，為自己妥善安排規劃接受教育訓練的時間、地點、內容、類型等，以培養職業所要求的專業知能和其他必備的生涯能力；並嘗試參與相關社團活動，培養出能讓自己感到愉快、喜樂的興趣來。

　　在人際經營方面，俗話說：「在家靠父母，出外靠朋友」，朋友常在我們的職業生涯發展中扮演著支持協助或穿針引線的關鍵角色，讓我們的成就產生加成的效果，更勝於閉門造車或孤軍奮鬥。華人社會尤其重視人際關係，綿密的人脈網絡經常可發揮彼此相輔相成的作用。你希望到何處去認識未來可能會對你有幫助的朋友呢？如何和新認識的朋友建立良好的人際關係呢？

　　在家庭經營方面，家人是我們每一個人最重要的精神支柱，當外在環境充滿了挫敗經驗時，也只有家人仍然誠心地接納我們，不斷為我們打氣加油。因此，能有時間陪伴家人常是許多人選擇職業的重要考慮因素之一。你打算如何經營你的家庭？包括和父母建立較佳的關係、交往男女朋友、結婚、生子、照顧家庭......等與家庭有關的議題。

　　在經濟經營方面，足夠維持生活所需的經濟收入，是我們對於工作或職業的最起碼要求。但當需要拓展人脈資源、組織家庭

或照顧家庭、以及其他需求的滿足時，我們所期待的收入水準也會提高。何時你會希望能賺進年薪一百萬元呢？何時你會希望自己擁有年薪五百萬元的身價？你打算如何做呢？

在置產消費方面，關於土地、房屋等不動產，和汽車、股票、債券等動產方面，你會有何安排？例如，你會想要何時買進你的第一部車？何時購買第一棟房子？何時打算換車或換屋？

在休閒旅遊方面，由於「環遊世界」是許多人的夢想之一，而「週休二日」的時代也讓工作者擁有更充裕的時間安排休閒活動，鬆弛因忙碌於工作而疲憊勞累的身心。因此你會如何安排休閒旅遊活動，和生涯規劃的品質更是關係密切。

在健康管理方面，由於工商業社會競爭激烈，現代人在忙碌緊湊的工作中極易感受到強烈的心理壓力，使得情緒焦躁易怒、甚至沮喪憂鬱，不僅損害身體功能，也會阻礙良好的工作表現。因此，如何讓自己擁有健康的體能並保持開朗愉快的心情，也是必須預先作好妥善規劃的。

也許你會認為高中職學生青春正盛、來日方長，人生中充滿了意外的旅程，許多偶發而不可預料的變數都可能影響你目前的生涯規劃。事實如此，在長長的人生旅途中，你無法一一掌握所有意料之外的變數，常會迫使你不得不改變前進的方向。然而，當你學會了「釣魚的技術」，即使走了魚兒、換了池塘、更新了釣竿，你仍會知道如何釣魚。希望此一生涯規劃報告能有效地協助你學會釣魚的技術，以因應未來人生的種種變數。

單元5.6—生涯規劃與管理

單元目標：從時間與生涯兩向度，學習做好生涯管理。

活動內容：

＊請仿照次頁的生涯規劃表繪製出一份你自己的生涯規劃報告，以作為你進行有效生涯管理的依據。

＊請在小組活動中向你的夥伴們報告你的生涯規劃，並說明你如此規劃生涯的理由。

　　　　　生 涯 規 劃 表

時間向度 生涯向度	時　間　／　年　齡										
教育準備											
興趣培養											
能力培養											
工作職業											
人際經營											
家庭經營											
經濟經營											
置產消費											
休閒旅遊											

第六章

生涯準備與行動

學 習 目 標

★ 爲升學或就業作好必要的心理準備。
★ 了解申請入學及尋找工作的管道。
★ 充分準備升學或就業的備審資料。
★ 學會面試技巧，準備開展生涯。
★ 了解未來在職場中達成良好工作
　適應的方法。

第一節 升學與就業準備

　　在確定自己生涯規劃的目標與方向，且有系統地規劃了自己循序漸進的生涯進程之後，你可能已摩拳擦掌、迫不及待地要展開你的生涯準備和行動。俗話說：「登高必自卑，行遠必自邇」，為了有朝一日能達成你最終的生涯理想，在跨出校園之後，你也必須朝向引領著你前進的方向，踏踏實實地邁進一大步。這一步可能是取得更高的教育文憑（如四技二專或大學），可能是接受相關單位舉辦的職前訓練，更可能是直接投入工作世界、接受實地的挑戰和試煉。

　　這時候，你應該要知道申請推薦甄試或申請入學四技二專、職前訓練或職業工作的流程。它們的流程基本上有其共通性。你必須依循下列的程序來作準備：

四技二專申請入學及推薦甄試	就業謀職申請工作
1.列出所欲申請相關科系的四技二專學院名單。 2.建立備審資料清單，並逐一查核。 3.撰寫履歷表、自傳、讀書計畫、專題研究計畫等。 4.寄發所有備審資料。 5.確定面試時間與地點。 6.接受面試。 7.接獲錄取通知與回覆。 8.確定報到日期及準備事項。	1.利用求職管道找尋工作機會。 2.備齊相關證明文件、所需資料和作品。 3.撰寫履歷表、自傳與生涯報告。 4.寄送履歷表與相關資料。 5.確定面試時間與地點。 6.接受面試。 7.接獲錄取通知與回覆。 8.確定正式上班日期及準備事項。

第二節 申請入學大專校院

在現今這個多元化社會中，教育體系也逐漸揚棄傳統單一僵化的制式思維，轉而重視多元化學習、多元化智慧、多元化評量等，就連進入大專校院等高等學府的方式，都提倡多元化入學。也就是說，高中職學生的入學管道，也從傳統的聯考方式，改變為推薦甄試、技優保送、聯合登記...等五花八門的不同方式，讓學校和學生都有主動選擇的機會。面對這些多元化的入學管道，準備升學者除了必須更認真準備「統一入學測驗」之外，更必須妥善準備所有「備審資料」，使評審委員能夠留下深刻的印象，爭取進一步參與「面試」的機會，才能順利敲開大專校院的大門。

一、多元入學管道

自民國九十年度開始，技專校院的入學管道均採考招分離的方式，分為：推薦甄試、技優保送、聯合登記分發、區域聯招或各校單招四種。原則上，不管各校院採用哪一種招生方式，均要求學生先參加統一入學測驗，再以入學測驗成績參加入學申請或甄試。

推薦甄試制

推薦甄試只辦理四技二專日校，且只限符合資格的高職應屆畢業生或綜合高中修畢職業學科二十五學分以上者。參加推薦甄選制考生，在參加統一入學測驗後，以成績單及備妥第二階段各校指定之備審資料或參審資料，由技專校院各科系自行決定統一入學測驗成績，並得增加第二階段指定項目甄試，及參採其他項目資料。

技優保甄制

技優保甄制只辦理四技二專日校，招生的對象為符合技優保送資格學生。只採計統一入學測驗，另參考獲獎證件或證照等級加分。

聯合登記分發制

聯合登記分發制在四技二專日夜校均辦理，招生對象為應屆生及非應屆生。只採計統一入學測驗成績辦理分發，不再辦理第二階段指定科目或參採其他項目成績。

區域性聯招或各校單招

區域性聯招或各校單招，四技二專日夜校由各校各單位自行參酌決定成績的使用。可採或不採統一入學測驗成績或自行辦理考試。

活動6.1─多元入學管道

單元目標：探索入學管道的主辦學校、招生方式，以及測驗成績採計情形。

活動內容：

＊請你和同學一起蒐集技專校院入學管道的相關資料，仔細瞭解這些入學管道的主辦學校、招生方式，以及測驗成績採計情形。

＊想想看你適合哪一種入學管道？

＊四技二專　　　＊招生委員會
＊主辦學校　　　＊招生方式
＊測驗成績採計情形

二、準備備審資料

接下來，你必須開始著手準備你的「備審資料」。這些「備審資料」通常包括：自傳、讀書計畫、社團參與、競賽成果、成果作品、在校成績單、師長推薦函等，各校規定不一。而其他「參審資料」則通常包括擔任幹部證明、人格及健康情形、學習及家庭背景、學校獎懲情形等，不一而足。在這些資料中，自傳和讀書計畫是你應該多花一些時間好好準備的。

自傳

有機會參與面試的學生，自傳是和評審委員作第一次接觸的主要媒介。一份好的自傳通常可以讓評審委員留下深刻的第一印象，為自己的申請入學奠定良好的基礎。自傳的功用，一方面是要介紹自己、推薦自己，甚至要推銷自己；二方面也很有可能作為評審委員口試時的取材依據，以獲得對應試者的更深入瞭解。因此，準備要申請入學的學生，絕對必須多花一些心思來撰寫一份能充分發揮功能的自傳。但為顧及評審委員並沒有太多仔細品味閱讀的時間，自傳的字數以一千字左右或不超過兩頁A4書寫紙為宜。

自傳應包括數項重要的內容：（參見附錄四）

1.成長背景及個人特質
　　自傳中最好在簡單說明自己的基本資料之後，談談自己的家庭狀況和成長背景，以及對個人特質的影響等。

2.求學經歷及學習經驗
　　在簡單說明自己從小學到高中職的求學經歷之後，自傳中最好能強調與報考科系有關的學習經驗。

3.相關專長及特殊表現

最好在自傳中強調自己曾經擔任過的幹部、參加的社團活動、學習過的才藝、參加過的比賽、以及得過的獎項等。

4.報考本科系動機

報考該科系的動機可能是適合自己的性向、興趣，並能發揮潛能；可能是對該科系所學能貢獻於社會或能達成自己理想的目標等。

5.未來的學習計畫或生涯規劃

自傳的最後，還須能說明未來如幸運錄取該科系之後的學習計畫，如何充實自己的專業知能，培養自己成為一個專業的人才，以及畢業後的生涯規劃和生涯目標等。

活動6.2—撰寫自傳

單元目標：能寫出一份充分發揮功能的自傳。

活動內容：

＊嘗試依據下列數項主題，撰寫一份800字至1000字的自傳，讓有機會閱讀你自傳的評審委員留下良好而深刻的印象。

＊邀請一位你信賴的朋友或長輩，假扮你的評審委員，請他閱讀你的自傳，請教他對你的看法如何？有哪些是你需要補充或修正的地方？

> 1.成長背景及個人特質
> 2.求學經過及學習經驗
> 3.相關專長及特殊表現
> 4.報考本科系的動機
> 5.未來學習計畫及生涯規劃

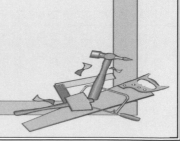

讀書計畫

考生在準備讀書計劃之前，必須先思考自己的未來發展方面，為自己做好生涯規劃。本書前五章所提供的探索活動，將有助於你探索自己，建立適合自己的生涯發展目標。為了達成自己的理想生涯目標，學習和進修是不可或缺的一環，無論是循序漸進的高等教育課程，或者是不斷充實自我的終身學習機會，都應該納入個人的學習和進修計畫之中。

因此，在撰寫讀書計畫時，你應該要思考如何透過科系所學習的知識和技能，以及其他終身學習機會，逐步達成自己的階段性生涯目標。

讀書計畫的內容，可以包括下列數項：（參見附錄五）

1. 專業課程規劃

以你對本科系課程領域和教育目標的瞭解為基礎，說明你希望在本科系專業領域中精熟哪些內涵？鑽研哪些主題？選修哪些課程？研讀哪些書籍？

2. 社團活動規劃

參與社團活動不僅是發展興趣、學習技藝，更重要的是學習同儕相處、建立人際關係、培養溝通與領導能力，以促進個人的成長和發展。

3. 休閒生活規劃

休閒時間的安排和規劃也反映出個人時間管理和生涯管理的能力，尤其在這終身學習的時代，善加利用休閒時間，有助於建立自己的生活風格，擁有滿意的生活。

4. 未來生涯規劃

在本科系畢業之後，宜有近程、中程和遠程目標的規劃，以作為引導學習方向的指標，自主地掌握自己的人生。

活動6.3－撰寫讀書計畫

單元目標：能寫出一份指引未來學習方向的讀書計畫。

活動內容：

＊嘗試依據下列數項主題，撰寫一份完整的讀書計畫，以作為指引你未來學習方向的指標。

＊邀請一位你信賴的朋友或長輩，假扮你的評審委員，請他閱讀你的讀書計畫，請教他對你的看法如何？有哪些是你需要補充或修正的地方？

1. 專業課程規劃
2. 社團活動規劃
3. 休閒生活規劃
4. 未來生涯規劃

第三節 進入工作世界

　　對於剛要跨入社會的新鮮人而言，進入工作世界的第一步便是學習如何透過履歷自傳與面試中行銷自己，讓自己能從諸多競爭者中脫穎而出。因此，找尋工作機會、撰寫履歷和自傳、接受面試，不啻是通往工作世界的重要鎖鑰，通常也是剛跨出校門的社會新鮮人較感到棘手的程序，必須多投資一些時間來加以準備和演練。

一、多元求職管道

　　當你需要找尋工作機會時，你知道有哪些管道嗎？有些人早就託親朋好友四處打聽，有些人卻成天翻爛了數份報紙，仍感到職海茫茫。現在新興的網際網路充斥各式各樣的求才求職資訊，能提供什麼好處？又潛藏著什麼問題呢？

　　一般而言，求職管道可以歸納成下列五類，分別有其不同的運作方式和優缺點。

求職管道	優點	缺點
一、親友介紹 **A.** 親戚長輩 **B.** 師長		
二、報章雜誌 **A.** 報紙求才廣告欄 **B.** 雜誌求才專欄 **C.** 就業快報或求才求職快報		
三、學校輔導單位 **A.** 就業輔導處 **B.** 學生輔導中心		
四、政府輔導機構 **A.** 行政院青年輔導委員會 **B.** 行政院勞工委員會職業訓練局 **C.** 國民就業輔導處		
五、私人仲介機構 **A.** 人力仲介公司或職業介紹所 **B.** 網路人力銀行或求才求職網站		

　　透過親朋好友密佈的人脈網絡搜尋，確實較容易找到輕鬆又穩當的職缺，但受限於親朋好友的工作類型，所介紹的工作性質常無法完全符合自己的興趣。

　　拿著報紙五花八門的求才廣告按圖索驥，經常危機四伏，容易掉入老江湖佈下的社會陷阱。

　　政府開辦的就業輔導機構能提供較佳的工作選擇和保障，但申請的手續繁瑣，條件門檻又過於嚴苛且缺乏彈性。

　　民間傳統的人力仲介公司，似乎已淪為外勞或基層勞力仲介機構，甚少提供予高級人才的就業機會，且缺乏保障。

　　新興網際網路的無遠弗屆、立即搜尋功能，已成為求才、求職者的最愛，然而網路中的資訊開放又容易予歹徒駭客可趁之機。

　　因此，要認真找一個好工作，仍須謹慎小心、步步為營。

　　現在，你不妨以一個可以作為你短期生涯目標的職業或工作為例，嘗試透過不同求職管道找尋適當的工作機會，看看你會有些什麼有趣的發現？

活動6.4—多元求職管道

單元目標：探索求職管道的運作、提供之服務，及優缺點。

活動內容：

＊請你花些時間，仔細瞭解這些求職管道如何運作？提供什麼求職服務？

＊想想看這些不同的求職管道各有些什麼優點或缺點。和你的同學一起討論你們的發現。

　　　　我要找的職業或工作是：

　　　　我所嘗試的求職管道：

　　　　我的發現：

二、準備資料

當你已從某一個最有效的求職管道，找到了一個夢寐以求的工作機會時，下一步就是準備要儘快寄出求職申請信、履歷表和自傳，以及相關證明文件了。

求職申請信

一封簡短且有禮貌的申請信函，表明你的來意，會讓接信的潛在雇主有興趣仔細展讀你的履歷表和自傳。

活動6.5―撰寫求職申請信

單元目標：學會求職申請信的撰寫。
活動內容：試著參考下列的說明，撰寫一封求職申請信。

　　××經理鈞鑑：

　　　第一段：說明你寫信的目的，從何處知道這個工作機會，以及所要申請的工作或職務名稱。
　　　第二段：說明你的學歷和專業背景，以及你對這項工作感興趣的原因，或申請這項工作的理由。
　　　第三段：呈現你對未來工作表現的信心和期望，邀請雇主參看你的履歷表和自傳。
　　　第四段：感謝雇主展讀你的信和履歷資料，並請求雇主給予進一步面談的機會。
　　　敬祝
　　　　鴻圖大展

　　　　　　　　　　　××× 敬上
　　　　　　　　　　　×年×月×日

履歷表

　　在職場中，除了求職申請書之外，履歷表通常是社會新鮮人為雇主準備的第一份見面禮。一份能表現個人風格的履歷表，也常能留給雇主良好的第一印象，引起雇主的興趣，以便爭取到面試的機會，求職路上也就成功了一半。履歷表也是你生涯中所有成就的重要指標，要讓素昧平生的主管靠一紙文件瞭解你，就必須充分的準備好這份見面禮。

　　履歷表最好能自行設計製作並打字，但基本上仍以簡明扼要、樸實無華為宜。

　　一般而言，履歷表的內容通常包含以下的項目：

內容項目	說明
a.應徵之工作項目	工作名稱及工作內容
b.個人基本資料	姓名、年齡、性別、籍貫、出生年月日、通訊住址及聯絡電話等。男性需註明兵役狀況。
c.學歷與訓練	高中職以上畢業之學校名稱、科系與輔系、專業認證或文憑等。需註明就讀及取得文憑時間，由後往前推移。
d.經歷 （工作及社團經驗）	含兼差、打工或工讀、社團活動(擔任幹部及舉辦活動等)、義務工作、研究工作等。
e.能力與專長	專業能力、工作相關能力、語文(外語)能力、資訊處理(電腦)能力、受獎及作品等。
f.興趣與休閒活動	日常休閒活動、一般興趣、職業興趣等。
g.希望待遇	依公司規定，或者個人可接受的彈性額度。
h.個人近照	一吋或兩吋。

活動6.6─撰寫履歷表

單元目標：能寫出富有個人風格的履歷表。
活動內容：設計製作一份你個人專用的履歷表，以表現出你
　　　　　個人獨特的風格，創造良好的第一印象。

應徵職務名稱：

姓　　　名		近照
身份證字號		
籍　　　貫		
性　　　別		
婚 姻 狀 況	（　）已婚　　　　（　）單身	
年　　　齡	歲	
出生年月日	年　　月　　日	聯絡電話　（　）
可 上 班 日	年　　月　　日	行動電話或呼叫器 （　）
聯 絡 地 址		
電 子 郵 件		
希望工作型態	（　）全職　　　　（　）兼職	
希 望 待 遇		

學 歷 與 訓 練	學年度	學校名稱	科系

經歷及社團	年度	公司名稱	職務名稱
	1．		
	2．		
	3．		

能力與專長	1． 2． 3．

興趣與休閒	1． 2． 3．

自傳

　　此外,在求職的起點上,自傳還必須與履歷表一搭一唱,相互輝映。如果說履歷表為你支撐起一目了然的骨架,自傳就是耐人尋味的內涵。

　　相較於履歷表的簡明扼要,自傳的表達形式更為彈性自由,可以敘事、可以論理、也可以抒情。

　　由於履歷表上較無法流露感情,撰寫自傳時,一般人多會以較為感性的訴求來作自我介紹,讓雇主留下良好而深刻的印象。自傳的內容通常需呈現個人的成長與家庭背景、求學與生活經驗、個人特質與興趣、工作經歷與技能、志向抱負及生涯目標等,最後更凸顯出對獲得工作與未來工作表現的強烈企圖心。

　　為顧及雇主並沒有太多仔細品味閱讀的時間,自傳的字數以一千字左右或不超過兩頁A4書寫紙為宜。

活動6.7—撰寫自傳

單元目標:能寫出令人印象深刻的自傳。

活動內容:

＊嘗試依據下列數項主題,撰寫一份800字至1000字的自傳,設法讓有機會閱讀你自傳的雇主留下良好而深刻的印象。

＊請一位你信賴的朋友或長輩,假扮你的潛在雇主,請他閱讀你的履歷表和自傳,請教他對你的看法如何?有哪些是你需要補充或修正的地方?

> 1.成長背景及個人特質
> 2.求學經歷及學習經驗
> 3.相關專長及特殊表現
> 4.工作經歷與心得收穫
> 5.未來生涯規劃
> 6.結語

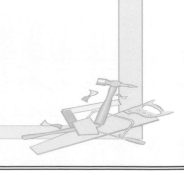

第四節 準備面試與面試技巧

　　申請入學四技二專或申請就業機會,除了要詳加準備備審資料之外,「面試」也是相當重要的一環。如果在面試過程中態度從容鎮定、回答鞭辟入裡、表現優異傑出,往往會獲得極高的評分,更有機會成為大專校院或社會的新鮮人。

　　面試通常都是在筆試結束之後進行,主要目的在瞭解應試者的口語表達能力、溝通協調能力以及機智反應等;有些則會要求應試者實際演練和操作,以瞭解應試者的專業能力和臨場表現。主試者對應試者所問的問題可能是一般性問題,也可能是履歷表或自傳中未能充分表達的問題,有時則暗藏玄機,使應試者的反應和能力無所遁形。尤其是應試者專業能力已經初試淘汰篩選過,眾多競爭者的實力都在伯仲之間,能否脫穎而出,就取決於面試時的反應和表現。因此,應試者對面試這一決定性的關卡,絕不能掉以輕心。

　　面試過程中的注意事項,則有下列數點,需謹記在心:

＊面試技巧與注意事項:

1. 提早到達,放鬆心情,較為從容。
2. 進入房間應先敲門,或問好。
3. 坐姿端正,眼神自然,手腳安定,態度大方。
4. 當主試者說話時要專心認真聽講,不打斷對方談話。
5. 答話時要用真誠的眼神注視著對方,不左顧右盼。
6. 答話時要乾脆俐落,不支吾其詞或拖泥帶水。
7. 說話時要音量適中,不急不徐,最好能有抑揚頓挫。
8. 正面積極的自我表達是不可或缺的,但不要爭強好辯或堅持己見。
9. 對科系學習或職務的企圖心要適時表達,讓主試者可以評估自己的潛能。
10. 對於無法立即作答的問題,要謙虛受教,並誠懇地表示希望未來有機會做深入探討。
11. 面試告一段落的閒聊,也會影響主試者的評價,所以不宜鬆懈。
12. 無論面試時表現好壞,面試之後都應該向主試者表示感謝。

活動6.8─模擬面試

單元目標：體驗面試的虛擬實境並瞭解面談時應注意事項。
活動內容：

＊邀請一位你信賴的同學或師長扮演你的評審委員或主試者，參考下列模擬試題，協助你進行模擬面試，並觀察你面試時的態度、語調、聲音、速度、眼神、手勢、表情、和禮貌等。

＊一起討論你的優點？哪些地方需要修正？

---

1. 請你用三分鐘時間介紹你自己。
2. 誰是影響你最深的人？他如何影響你？
3. 為什麼申請到本科系就讀？（為什麼選擇來本公司應徵？）受到哪些人、事、物的影響？
4. 你在學校中最拿手的科目是什麼？曾有哪些優異的表現？
5. 過去的求學（工作）經歷如何？和本科系（本工作）有關的是什麼？你從經驗中學到了什麼？
6. 你對本科系的課程和學習目標（對本工作的內容和任務）有什麼認識和瞭解？
7. 你對本科系（對這個行業）的未來發展性有什麼看法？
8. 你認為你具備什麼條件（能力或專長）能讓本科系（本公司）錄取你？
9. 如果你被錄取了，你將會如何規劃你的大學生活？（你會如何在工作上表現？對本公司能有什麼貢獻？）
10. 你對自己未來的展望和期許是什麼？
11. 你打算如何充實自己，達成你自己的目標？
12. 在目前的社會問題中，你最關心的是什麼？
13. 你認為科技發展對人類生活有些什麼好或不好的影響？
14. 你對課程安排的時間（工作時間）和地點有何意見？
15. 你還想了解本科系（本公司）什麼？

第五節 工作調適

當你已幸運地在職場上連連過關斬將，順利找到一份適才適所的工作，你就敲開了通往職業生涯之路的大門。

你準備好扮演工作者的角色了嗎？

彷彿剛跨出少林寺的青澀高手，對五光十色的江湖既期待又怕受傷害。極目四望，一條或崎嶇或坦蕩的道路向著望不見盡頭的遠處蜿蜒而去，可能荊棘遍野、也可能黃花遍地，你仍然需要不斷地精進你已在少林寺中練就的十八般武藝，才能順利闖蕩江湖。在東突西進中稍一不慎的頭破血流、遍體鱗傷，就當作是成就武林高手必經的試煉與必要的傷痕。因為，唯有歷經艱難險阻，才能有機會琢磨出更犀利、更高深的武功，未來才有較大機會稱霸武林、雄據一方。

活動6.9─開展生涯之路

單元目標：找出生涯路上可能面臨的困境與解決的方法。

活動內容：

＊請列出一份備忘錄，隨時提醒自己在未來職業生涯中可能
　會面臨的艱難險阻，以及要如何克服困難、跨越阻礙？

＊以六人小組分享波此的想法，並討論因應之道。

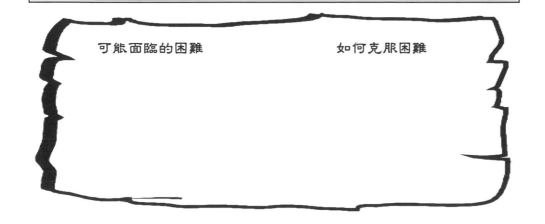

可能面臨的困難　　　　　　　　如何克服困難

　　在勞委會職訓局所編訂的「職業簡介」中，「工作調適」
（work adjustment）被認為是指個人能以有效而令人滿意的方
法，經常達到工作所需要的條件。而一般人所謂的工作調適則包
含三種意義：

1. 工作調適指職業成熟：每個人在不同年齡階段均有不同的
   職業行為，如果一個人的工作能符合他當時的年齡應有的
   職業行為，就是職業成熟。

2. 工作調適指職業生涯變遷的過程：工作調適是指一個人獲
   得一份職業，且能穩定地致力於工作，並在其中獲得成長
   與升遷的機會。個人經由成長與升遷的過程獲得安全感、
   成熟感以及地位及聲望，所以工作調適過程，也就是個人
   職業生涯變遷的過程。

3. 工作調適指工作滿意度：工作滿意度常作為測量工作調適
   的指標。滿意的種類可分為內在及外在兩種，前者係指工
   作本身所具有意義；後者則包括：金錢、安全感、權力、
   聲望及良好工作環境等。

　　綜合而言，一個工作調適良好的人，不僅能奠基於對個人特
質和環境條件的的充分認識，而明智地找到一份令自己感到滿意
的工作；而且能在從事職業的過程中隨時因應工作任務和工作環
境的需求，充實自己的能力、更新自己的專業知識，致力於締造
最佳的工作績效，以在工作中獲得成長與升遷。相反地，一個工
作調適不良的人，即使好不容易找到了一份工作，卻很可能會因
為故步自封而逐漸在工作表現上無法敷應組織機構的要求，工作
上經常遭遇挫折阻礙，一方面自己產生工作倦怠，二方面也很可
能會遭到組織機構的淘汰。

　　在電腦網路高度發達的時代，全球性的資訊流通無遠弗屆，
許多新型態的工作因應而生，許多傳統工作面臨轉型，也有許多
工作早已因喪失競爭力而被淘汰出局。未來的工作世界更將隨著
科技的日新月異而發生更為快速的變化。因此，現代人要確保成

功的職業生活，必須在工作上持續地培養運用科技、和世界溝通的能力，不斷地充實和更新自己的專業知能，並透過工作的調適，追求自我的成長，亦即建立終生學習的職業生涯歷程。

這是一個終生學習的社會，我們必須在人生的每個階段，不斷地充實自己，完成每個階段應有的成長過程。如此，才能在工作中享受樂趣，建立自我肯定和實現理想，以獲得終生的成功與幸福。

在忙碌的工作中進行終生學習，需要充分地運用有限的時間，並善用有效的學習管道來取得工作所需的最新資訊。以下十點是準備踏入職場的社會新鮮人可以參考的方法：

建立生涯學習之系統思考模式

一方面從自我生涯探討，包括：「我想要成為什麼樣的人？」以及「我如何成為我想成為的人？」；另一方面則要轉換心智模式來突破生涯瓶頸，包括思考如何面對生涯難題，並解決生涯難題等。

定期與自我對話

嘗試去回答自己的問題，練習和自己對話，檢討自己的生涯現況是否讓自己感到滿意，與思考未來的目標與機會。

學習突破生涯難題

每一次面對逆境或挫折時，要學習從不同的角度來思考，並運用新的方法來迎戰，培養自己破解生涯難題的十八般武藝。

在組織中透過團體來學習

在組織機構內藉由團體學習（或學習型組織之運作），進行觀念交流和溝通討論，有助於將組織發展與個人生涯相結合。

參加跨業的生涯學習社團

現代上班族置身於多元化社會中，對不同的產業或組織也要有所瞭解，才能增加自己對生涯前景之判斷與抉擇。

參加各類在職進修和訓練

　　各行各業均會有聯合舉辦或由機構單獨辦理的在職進修和訓練，以提升和更新在職人員的專業知能，增進工作上的表現和效能。經常參與此類在職訓練將不僅有助於個人專業成長，且可能為自己開創更佳的工作機會。

建立緊密的生涯人際網絡

　　生涯學習中還要培養人際溝通技巧，建立良好的人際關係，將朋友、同事和家人當作寶貴的資源加以開發及運用，成為彼此生涯發展上相扶相持的助力。

創造最佳工作表現並行銷自己

　　有句話說：「做別人的工作，學自己的功夫」，因此無論機構所提供的資源條件如何，當自己能發揮最大的能力並創造最佳的工作表現時，會讓自己更為精進且對自己更感到滿意。而此一自我肯定的態度將有助於自我行銷，增加職場上的升遷機會。

　　因此，你究竟要作為棋盤上一顆任人擺佈的棋子，或是要作為那個為自己下棋的人，端視你自己是否能為自己的人生做好妥善的規劃和安排。

附錄一：
生涯故事 *A*

接　受

節錄自嚴長壽（2000）

被一個環境接受，是任何一個人想要成長的第一步。

入伍當兵，使我第一次體驗到適應環境的重要。我因為中學時期曾經蹉跎過兩年，高中畢業後又沒有考上理想的大學，到了徵召服兵役的年齡，理所當然成了部隊裡最基層的小兵。

由一個喜歡音樂、喜歡文藝的高中生，乍然成為軍中菜鳥，感覺非常不適應。當兵的階段，對上接觸的是老士兵，他們大多因為國家動亂，自幼投身軍旅，沒有讀書的機會，脾氣暴戾固執，軍旅中的休閒就靠喝酒打發，要不然就是偶而的色情或賭博，相當無奈。同年齡層的新兵，大部分人又抱著當兵就是混日子的心態，在軍中消磨生命，日子過一天算一天，充滿了苦悶的無力感，同樣無聊。

面對那樣的環境，保護自己心中的一方天地，是我第一個自然反應。在操練的空暇，我仍然醉心的聆聽音樂，經常帶著廉價、舊式的手提唱盤，一個人跑到海邊（當時部隊駐防在花蓮的海邊），沉醉在音符與浪潮中。那段時期是個關鍵時期，我深感環境適應不良的苦處，我想要獨處是希望給自己一點時間來調適，一直以為這樣做沒有傷害別人就可以了，殊不知無形中給人冷漠高傲的印象，正好刺痛了他們就是怕別人瞧不起的心結。

有一次我照舊待在海邊，連上臨時集合，班上同袍知道我在海邊，但沒有過來叫我，結果，我因『傲慢、不服從』的理由被判處關禁閉，長官把我帶到禁閉室，一一卸下我的腰帶、鞋帶等『危險物』，大門轟然關上，把黑暗、憤怒、屈辱留給了我。

後來我決心重新調整自己，不是使自己變得油腔滑調去討好環境，而是從另一個角色看待週遭的人。

這樣一來，老兵的無奈、小兵的無聊，都反應出他們背後不為人知且被忽略的寂寞與空虛。例如老兵在台灣多半沒有家眷親屬，階級是他唯一的成就感，權威是他唯一能使別人敬重他的方式，瞭解了這一層障礙，我從躲避他們，變為關懷他們，譬如他們最看不慣年輕人放假就要回家，於是我每次從家中歸營時，總會帶回來家裡的滷味、燒鴨以及母親做的家鄉應節小菜分享同僚，尤其是過年過節，更加關切他們的情緒，陪他們話家常、聽他們敘往事。對待同年齡的小兵，我也開始和他們分享我聽音樂的心得，教他們一些古文與詩篇。偶而也和他們一起喝喝酒聊聊天。當然這些調整，我和同胞之間，波此都經歷了一番時間的過程。和他們親近，並不意味『同流合污』。

半年後我不但自己突破了心理的障礙，而且漸漸的成為部隊中極受歡迎的靈魂人物，長官們把我當做辦活動的高手，與老兵與新兵間協調的橋樑，而許多的新兵，也把我當成了他們生活的導師，最讓我感到成就的是在多年後我應一個過去部隊袍澤的邀請去他婚後的家，在家裡他放給我聽的音樂竟然是我過去介紹給他的貝多芬與巴哈！他告訴我說雖然他仍然做的是泥水匠的工作，但音樂卻已充實了他精神層面的生活，使他成為更懂得享受富裕精神人生的快樂人。

這個軍中生活的經驗，使我感受到：被一個環境接受，是任何一個人想要在任何地方成長的第一步，如果首先你不能被環境接受，那麼縱有再大的理想抱負，也沒辦法實行。當我調整了自己的態度，逐漸被部隊的環境接納後，再後來，我的責任心、做事態度等，也就很容易的感染到大家，獲得團體的認同。

資料來源：嚴長壽 (2000): 「總裁獅子心」。p.5~p.7

附錄一：

生涯故事 **B**

元氣充沛的搞怪妹

節錄自中國時報（2001）

提到篠原友惠，大多數的人可能會脫口而出：「喔，那個吵得要命，打扮又誇張的女孩子。」自出道便擅長七彩服飾的搭配穿著，頭綁沖天辮的篠原友惠，加上在「Love Love我愛你」（台譯「傑尼斯時間─新天堂」）高八度音的主持方式，的確擔待得起「誇張搞怪」的美名。

服裝造型才華洋溢　　炒熱現場功夫一流

冷靜的看一看篠原友惠自出道以來近五年中，所參與的活動，會驚覺這位年僅二十一歲，看似瘋言瘋語的過動女孩，其實不斷地把握機會，讓自己的才華展現，同時接觸新的事物。參與舞台劇演出時，專精於服裝設計的她，便包辦所有演員的戲服；在高收視率的「Love Love我愛你」單元主持中，英文即使不甚輪轉，篠原依然興匆匆地推著她的大型篠原娃娃，突擊訪問包括大導喬治盧卡斯、克莉絲汀等到日本訪問的外賓，在她連珠砲的大聲婆訪問下，大娃娃至今已收集約二百多位名人的簽名。在以飲料代言人身分面對台灣媒的篠原，也在善盡代言人職責之餘，不斷地推銷自己的近期目標：開拍網路電影、為台灣的學生設計校服。

說話風趣，又懂得拿捏搞笑尺度，再加上活絡現場氣氛功力一流，讓篠原友惠一向是媒體的寵兒。正因為她放得開，可塑性極高，懂得把握機會，已經在日本演藝界幫自己紮下相當多元又穩固的根。

她承認自己對很多事情都有興趣嘗試，而她一定會付諸行動爭取。拿「Love Love我愛你」單元主持為例，篠原友惠說其實一開始主持人吉田拓郎並不喜歡她。

　　篠原便一天到晃在他耳邊催眠灌迷湯：「我愛拓郎我愛拓郎，」就這樣單元主持棒便拿到手，「要起而行！」便是篠原對於年輕人的建議。

　　「不愉快的事情馬上忘掉！」篠原表示這是她在面對人群時一直保持「元氣」的祕訣。然而在記者會角落，有幕後人員表示，其實篠原友惠私底下相當內斂安靜，這也和傳聞中篠原友惠在學校的低調相符。可見在公開場合中總是維持精力充沛形象，好像總處於狂喜狀態，也是歌手、主持人、服裝設計師並行的篠原友惠，忠於藝人職責的敬業之處。

　　去年七月歡慶出道五週年的篠原友惠，早期的音樂曲風在知名DJ石野卓球打造下，狂想式的無憂歡樂techno，可說是以「玩樂音樂」自居的阿雅的宗師。二十歲的篠原，轉換唱片公司，歌路也作了相當的轉變，越來越有女人的溫柔味。

以法國JPG為偶像　新世紀開始自創服裝品牌

　　二十世紀末篠原友惠二十世紀末篠原友惠，以「二十一歲的友惠用二十一套衣服迎向二十一世紀」為題，舉辦服裝發表會展示自己的服裝品牌「Jagged Apple」，並在自己的網站上販售。國中時就立志當服裝設計的篠原友惠，現正就讀於文化短大攻讀服裝設計。接受專訪時，篠原表示自己最崇拜的設計師是有「時裝頑童」之稱的尚保羅高帝耶，因為「無論何時看他的設計，就覺得好~~有活力喔！」她很感動的說。

　　有過人朝氣鮮明形象的篠原友惠，被積極想攻下亞洲飲料市場的廠商選為代言人，在水幫魚魚幫水的異業結合下，大張旗鼓地企圖打入台灣。但她光環背後的認真、努力及聰明，才是值得波看見的。

資料來源：中國時報（2001.2.17）

附錄二　梅布二氏類型論十六項人格類型之偏好職業

ISTJ	ISFJ	INFJ	INTJ
會計師 帳務稽核員 工程師 財務經理 警察 技師	健康工作者 圖書館員 服務性工作者 教師	藝術工作者 神職人員 音樂家 心理醫師 教師 作家	電腦分析師 工程師 法官 律師 工程人員 科學家
ISTP	ISFP	INFP	INTP
手工藝工作者 建築工作者 機械工作者 保全服務工作者 統計人員	文書工作者 建築工作者 音樂家 戶外工作者 油漆工作者	藝術工作者 娛樂工作者 編輯 心理學家 社會工作者 作家	藝術工作者 電腦分析師 工程師 科學家 作家
ESTP	ESFP	ENFP	ENTP
帳務稽核員 工匠 行銷人員 警察 銷售職員 服務性工作者	兒童保育人員 採礦工程師 秘書 督導	演員 神職人員 諮商師 記者 音樂家 公關人員	演員 記者 行銷人員 攝影師 銷售人員
ESTJ	ESFJ	ENFJ	ENTJ
行政人員 財務經理 經理 推銷人員 督導	美容師 健康工作者 辦公人員 秘書 教師	演員 神職人員 諮詢顧問 諮商師 音樂家 教師	行政人員 律師 經理 行銷人員 工程人員

資料來源：Sharf（1997）；吳芝儀（2000 a）

附錄三 何倫類型論典型個人風格與典型職業

類型	典型個人風格	典型職業
實際型 R	此類型的人具有順從、坦率、謙虛、自然、堅毅、實際、有理、害羞、穩健、節儉等特徵。其行為表現為： (1)喜愛實際操作性質的職業或情境。 (2)以具體實用的能力解決工作或其他方面的問題 (3)擁有機械和操作的能力，較缺乏人際關係方面的能力。 (4)重視具體的事物或明確的特性。	工程師、工程人員、醫師、醫事技術人員、農、漁、林、牧相關職業、機械操作員、一般技術人員
研究型 I	此類型的人具有分析、謹慎、判斷、好奇、獨立、內向、精確、理性、保守、好學、有自信等特徵。其行為表現為： (1)喜愛研究性質的職業或情境。 (2)以研究方面的能力解決工作及其他方面的問題 (3)擁有科學和數學方面的能力，但較缺乏領導才能。 (4)重視科學價值。	數學家、科學家、自然科學研究人員、工程師、工程研究人員、資訊研究人員、研究助理
藝術型 A	此類型的人具有複雜、想像、衝動、獨立、直覺、創意、理想化、情緒化、感情豐富、不重秩序、不服權威、不重實際等特徵。其行為表現為： (1)喜愛藝術性質的職業或情境。 (2)以藝術方面的能力解決工作或其他方面的問題 (3)富有表達能力、創造能力，擁有藝術、音樂、表演、寫作等方面的能力。 (4)重視審美價值與美感經驗。	音樂家、畫家、詩人、作家、舞蹈家、戲劇演員、導演、藝術教師、美術設計人員

（續）附錄三　何倫類型論典型個人風格與典型職業

類型	典型個人風格	典型職業
社會型 S	此類型的人具有合作、友善、慷慨、助人、仁慈、負責、善溝通、善解人意、富洞察力、理想主義等特徵。其行為表現為： (1)喜愛社會性質的職業或情境。 (2)以社交方面的能力解決工作或其他方面的問題 (3)具有幫助別人、瞭解別人、教導別人的能力，但較缺乏機械與科學能力。 (4)重視社會規範與倫理價值。	一般教師、神職人員、輔導諮商人員、社工人員、護理人員、社會服務工作者
企業型 E	此類型的人具有冒險、野心、抱負、樂觀、自信、有衝勁、追求享樂、精力充沛、善於社交、說服他人、獲取注意、管理組織等特徵。其行為表現為： (1)喜歡企業性質的職業或情境 (2)以企業方面的能力解決工作或其他方面的問題 (3)具有語言溝通、說服、社交、管理、組織、領導方面的能力，較缺乏科學能力。 (4)重視政治與經濟上的成就。	業務行銷人員、企業經理、公關人員、政治人員究、律師、法官、媒體傳播人員、仲介代理人員
傳統型 C	此類型的人具有順從、謹慎、保守、自抑、謙遜、規律、堅毅、實際、穩重、重秩序、有效率等特徵其行為表現為： (1)喜歡傳統性質的職業或情境。 (2)以傳統方面的能力解決工作或其他方面的問題 (3)具有文書作業和數字計算方面的能力。 (4)重視商業與經濟價值。	會計師、會計人員、總務、出納、銀行行員、行政助理、編輯、資訊處理人員

資料來源：修改自Holland（1973）；林幸台(1987：56-58)

附錄四：

我的自傳

一、成長背景和個人特質

民國七十二年，我出生於中部鄉下小鎮一個純樸的公務員家庭，母親則在一家私人加工廠上班。家中除了我之外，還有一個弟弟和一個妹妹。從小，父母對我們的期望就很高，提供我們一個良好的成長和讀書環境，希望我們在學校中認真讀書，並努力參與學校活動，成為智德體群美五育並重發展的好學生。在父母和師長的諄諄教誨和關懷薰陶之下，不僅養成我樂觀積極的個性，更以中上的成績和熱心公益、合群互助的表現，獲得師長和同學的好評。

二、求學經過及學習經驗

國中時期開始接觸學校的電腦課程，感到相當的新奇有趣，父親發現了我的興趣，也買了一部電腦給我在家練習。我除了在學校認真聽老師的講解、努力地操作之外，更自己找資料學習有關電腦和軟體的新知，多次代表班級參加學校的電腦資訊比賽，均獲得優異的成績。於是，國中畢業之後，我在父母親的全力支持之下，選擇就讀高工資訊科。在資訊科和一群志同道合的夥伴切磋電腦技藝的結果，讓我程式設計的功力大增。高二時和夥伴組隊參加高中職電腦程式設計比賽，曾榮獲台中區第三名的佳績，讓我更肯定未來要成為一位優秀的電腦程式設計工程師。

三、相關專長及特殊表現

高中三年期間，我除了不斷精進電腦技藝之外，也積極參與學校和社團活動。

我曾經連續兩年獲選為班級幹部，帶領全班團結合作在全校性比賽中贏取優良的成績和名次。在高一時參加童軍團，學會許多人際溝通、表達分享和野外求生的技巧，高二時成為童軍團主要幹部，負責對外聯繫工作，並舉辦多次全校性的童軍活動。高三的我不僅是童軍團團長，也同時獲選為畢聯會會長，正籌辦畢業典禮和相關的畢業作品展覽活動。

四、報考本科系的動機

　　貴校在全國大專技術校院中是相當知名的學府，貴系的學生團隊每年參加全國大專學生電腦程式設計競賽迭創佳績，深獲社會各界好評，使我非常嚮往能有機會進入貴系就讀，以接受更專精專業的資訊教育。

五、未來學習計劃及生涯規劃

　　如蒙師長青睞而有幸進入貴系就讀，我必將把握機會努力學習最專業的電腦資訊和程式設計，希望也能有機會參加全國性的競賽，磨練更高深的知能和技藝，奠定未來成為優秀電腦程式設計師的紮實根基。

附錄五：

我的讀書計畫

　　一旦有機會進入我夢寐以求的理想學府和科系，我計畫要好好運用大學四年的黃金光陰，致力於充實自己的專業知能，培養自己多方面的才藝，並在積極參與各類活動中充分激發自己的潛能，期待能創造自我實現的人生。

　　我將未來大學的讀書計畫，粗略區分成三個階段，分別作為我的近程、中程、遠程目標。

　　近程目標：自高中職畢業到大學開學這一段時間，我會去找一份和所學有關的工作，一方面加強專業能力和知識，也可以為自己賺取生活費，及早經營自己獨立自主的人生。而加強外語表達和溝通能力，也是當務之急。

　　中程目標：大一、大二這兩年是充實自己基本能力的最好階段，我計畫在精讀本系所有學科課程且均能獲得優良成績表現之外，更要多方面主動學習科技新知，並廣泛閱讀人文及社會領域書籍，充實自己的人文素養。此外，我也計畫多方參與社會服務性社團活動，開闊社會關懷的胸襟和陶冶人群服務的情操。

　　遠程目標：大三、大四是研究學問上更上層樓的最好時機。我希望能全心準備研究所考試，為將來更高深的學術旅程鋪路。此外，我也計畫參加國家高等考試，取得高等專業證照，作為呈現自己專業知能的最佳憑證，加強將來求職就業時的競爭力。

　　雖然這只是我的初步讀書計畫，未來還會因實際需要而調整和改變。但積極規劃自己理想人生藍圖、督促自己不斷學習和自我成長、專心致力達成目標的決心和毅力將始終不變。

參考書目

中國時報（2001）。元氣充沛的搞怪妹。中國時報藝文版。2001.2.17.

林幸台（1987）。生計輔導的理論與實施。台北：五南。

金樹人（1987）。生計發展與輔導。台北：天馬。

金樹人（1997）。生涯諮商與輔導。台北：東華書局。

吳芝儀（1991）。五專五年級學生生涯決定信念、情境-特質焦慮與生涯決定行動之研究。國立台灣師範大學教育心理與輔導研究所碩士論文。

吳芝儀（1997）以建構研究法探討個人建構系統與生涯決定的相關論題。輔導季刊，33卷3期，42~51頁。

吳芝儀（2000a）。生涯輔導與諮商；理論與實務。嘉義：濤石。

吳芝儀（2000b）。生涯探索與規劃：我的生涯手冊。嘉義：濤石。

黃惠惠（1995）我的未來不是夢－生涯發展與規劃。台北：張老師文化。

賴倩瑜等（2000）健康心理學。台北：揚智。

羅文基、朱湘吉、陳如山（1992）。生涯規劃與發展。台北：空中大學。

嚴長壽（2000）。總裁獅子心。台北：平安文化出版社

American College Testing Program（1995）. DISCOVER. Iowa City, IA: ACT.

Bandura, A.（1986）. Social Foundations of Thought and Action: A Social Cognitive Theory. Englewood Cliffs: NJ: Prentice-Hall.

Dawis, R. V., & Lofquist, L. H.（1984）. A Psychological Theory of Work Adjustment: An Individual-differences Model and Its Applications. Minneapolis, MN: University of Minnesota Press.

Erikson, E. H.（1963）.Childhood and Society（2nd ed.）. New York: Norton.

Gati,I.,& Fassa, N.（1995）.Applying decision theory to career counseling practice: The sequential elimination approach. Career Development Quarterly, 43, 211-221.

Ginzberg, E., Ginsbrug, S. W., Axelrad, S., & Herma, J. L.（1951）. Occupational Choice: An Approach to General Theory. New York: Columbia University Press.

Harren, V. A.（1974）.A model of career decision-making for college students. Journal of Vocational Behavior, 14, 119-133.

Holland, J. L.（1973）. Making Vocational Choices: A Theory of Careers. Englewood Cliffs, NJ: Prentice-Hall.

Holland, J. L.（1992）. Making Vocational Choices: A Theory of

Personalities and Work Environments. Odessa, FL: Psychological Assessment Resources.

James, W. (1890; 1982) . Principle of Psychology. New York: Holt.

Janis, I., & Mann, L. (1977) . Decision-making: A Psychological Analysis of Conflict, Choice, and Commitment. New York: The Free Press.

Krumboltz, J. D. & Mitchell, L. K. (1980) .Illustrative Generalizations That Inhibit Constructive Career Activities. In L. K. Mitchell (1980) . The Effects of Training in Cognitive Restructuring and Decision Making Skills on Career Decision Making Behavior, Cognition, and Affect. Unpublished PhD Dissertation: Stanford University.

Maslow, A. H. (1954) . Motivation and Personality. New York: Harper & Row.

Myers, I. B., & McCaulley, M. H. (1985) . Manual: A Guide to the Development and Use of the Myers-Briggs Type Indicator. Palo Alto, CA: Consulting Psychologista Press.

Roe, A., & Lunneborg, P. W. (1984) .Personality development and career choice. In D. Brown & L. Brooks (Eds.) ,Career Choice and Development: Applying Contemporary Theories to Practice. San Francisco: Jossey-Bass.

Sharf, R. S. (1997) . Applying Career Development Theory to Counseling. (2ed.) Pacific Grove: Brooks/ Cole.

Storey, W. D. (1978) . A Guide for Career Development Inquiry. Madison, WI: American Society for Training and Development.

Super, D. E. (1953) . A theory of vocational development. American Psychologist. 8,185-190.

Super, D. E. (1970) . Work Value Inventory. Boston: Houghton Mifflin.

Super, D. E. (1980) . A life-span, life-space approach to career development. Journal of Vocational Behavior. 16 (30) , 282-298.

Super, D. E. (1990) . A life-span, life-space to career development. In D. Brown & L. Brooks (Eds.) Career choice and development: Applying contemporary theories to practice, pp.197-261.San Francisco: Jossey-Bass.

Zunker, V. G. (1994) . Career Counseling:Applied Concepts of Life Planning. Pacific Grove, CA: Brooks/Col

名詞索引

E

F

G

H

I

J

L

M